「できる日本語」準拠

KANJI TAMAGO

漢字たまご

中級1
INTERMEDIATE 1

レベルの目安
B1

監修
嶋田和子

著
有山優樹
落合知春
伊瀬知史子
井上友紀子
森　節子

にほんごの
凡人社
BONJINSHA

はじめに

　「漢字ができるようになる」とはどういうことなのか。そんな疑問をきっかけにこの『漢字たまご』は誕生しました。「どんな場面で、どんな漢字を学習していくか」、「どんな学習方法があるか」ということを念頭に、長年にわたる日々の授業を通して、学習者と共に作り上げてきたものです。そして今回、「漢字たまごシリーズ」の第3弾として『漢字たまご　中級』が作成されました。中級1（第1課〜第10課）、中級2（第11課〜第20課）の2分冊となっています。

　このテキストは、これまでと同様に「何ができるかが明確になっている」「漢字の接触場面から学ぶ」「漢字学習ストラテジーを身につける」という3つのことを柱としています。そして、『漢字たまご　初級』『漢字たまご　初中級』を終えた学習者はもちろん、中級からこのテキストで学ぶ人、非漢字系の学習者も漢字系の学習者も共に楽しく学び合うことができるようになっています。

● 「何ができるかが明確になっている」

　20の場面、トピックの中で、学習者が「社会の中で求められる漢字は何か」「その漢字を使って何ができるのか」がわかるようになっています。こうすることで、学習者自身が「何のために漢字を学ぶのか」を意識し、明確な学習目標を設定することができます。

● 「漢字の接触場面から学ぶ」

　実際に近い場面の中で使いながら学習することによって、文脈の中で生きた漢字の使い方を学ぶことができます。さらに、教室の中での疑似体験を通じ、未知の漢字に対処する推測力、応用力を養うことができます。そして、学習者が社会の中で実際に学んだ漢字と出会うことで「漢字が『わかる』『できる』」という実感が生まれます。それが積み重なっていくことで達成感を得ることができます。

● 「漢字学習ストラテジーを身につける」

　学習者が自分に合った学習方法を選択できるようになるために、漢字学習のアイディアをたくさん紹介しています。また、学習者が間違いやすい点がポイントとして挙げられ、ひと目でわかるようになっています。さらに、学んだ漢字を整理し、繰り返し練習することで定着が進められます。中級レベルで求められる既知の漢字をもとにした類推力、語彙生成力などが身につくような工夫も盛り込まれています。

　「漢字たまご」を使用することで、教室では教師と学習者のやり取りが生まれ、漢字学習が楽しく、能動的なものとなります。ぜひ、学習者のみなさんと新しい「漢字の学び」を体験してください！

2024年2月　著者一同

「漢字たまご」とは

漢字たまごは、漢字を学習する「学習者の成長」を表しています。学習者はまず、漢字の基本となるルールを学び、基礎となる「初級の漢字」をしっかりと自分の中に身につけます。そして、次はその蓄えた知識をもとに、自らの興味・関心、専門についての漢字を能動的に学んでいきます。そこからさらに、漢字学習が社会へと広がっていくことを、たまごの成長と重ねて表しています。

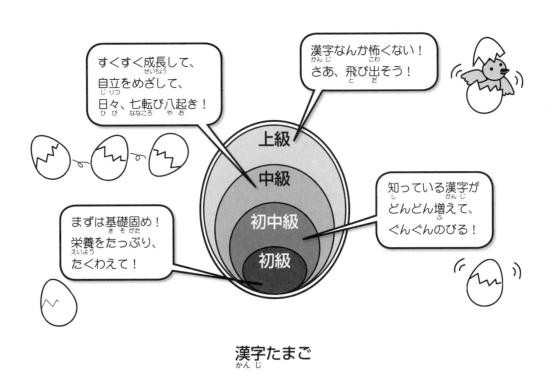

漢字たまご

『漢字たまご　中級』は上の概念図「漢字たまご」の「自らの興味・関心、専門についての漢字」を能動的に学んでいくための教材です。そして、ここでの学びを経て、次の段階である「教室を飛び出して社会の中でどんな漢字にも対応できること」を目指します。

目次 Contents
もくじ

本書の構成と使い方
ほんしょ　　こうせい　　つか　　かた

◆ 学習する漢字について

『漢字たまご　中級1』で学習する漢字は356字です。『漢字たまご　中級1』『漢字たまご　中級2』の2冊で、日本語能力試験N3、N2レベルの漢字の学習ができます。

提出される漢字は、次の2つの種類に分かれています。

> 提出漢字　：読み方と書き方を学習します。
>
> 読める　　：意味と読み方がわかればいい漢字です。
>
> 　　　　　　後の課で「提出漢字」として再提出されるものもあります。

◆ 本書の構成

① 第1課～第10課

② 「楽しく覚えよう1／2」：漢字のパーツ（構成要素）、形声文字、記憶法を紹介しています。

③ 「読み方に気をつけよう1／2」：1は音の変化のルールについて説明しています。2は複数
　　の音読み、訓読みがある漢字の確認問題です。

④ 「コラム」：知っていたら役に立つ漢字を場面やテーマでまとめて紹介しています。

⑤ 「もう少しやってみよう」：第1課～第10課の復習問題です。Ⅰは復習問題で、Ⅱは学習した
　　漢字の他の読み方を取り上げています。

◆ 各課の構成

1課につき、4つのトピックがあります。

タイトルページのイラストは、その課の接触場面やトピックを表しています。

◆ 各トピックの構成

① チャレンジ

② 「提出漢字」「読める」

　　「ポイント」「1回書いてみよう」

③ 「練習1：書いてみよう」

④ 「練習2：やってみよう」

◆ ルビについて

「チャレンジ」「練習2：やってみよう」：情報を取るタスクの素材（例：図表、ポスター、地図など）にはルビはつけていません。

「練習1：書いてみよう」：文の中で漢字の読み方や書き方を問う場合、既習漢字にはルビをつけていません。地名など固有名詞にはルビをつけています。

◆ 各セクションの進め方

①チャレンジ

学習者が実際に接触する機会の多い漢字の接触場面を取り上げています。問いには自由に答えるものと、問題形式になっているものがあります。各自の既存の知識を活用し、新しい漢字の意味や読み方を推測して、問いにチャレンジします。新しく学習する漢字がどんな場面で使われているのか、そのトピックの漢字を学習することで「何ができるようになるのか」ということを意識しましょう。チャレンジの問題が難しく感じられても心配ありません。一緒に使われている言葉から推測したり、知っている漢字を探したりしてみてください。そして、その漢字がどんなところで使われているのか、どう読むのかなどを考えます。

②「提出漢字」

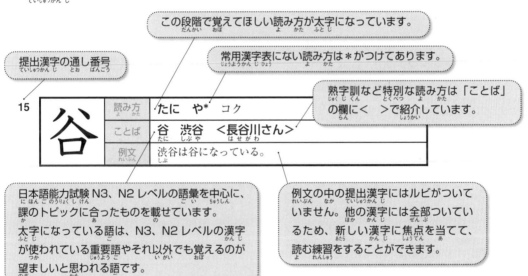

この段階で覚えてほしい読み方が太字になっています。

常用漢字表にない読み方は＊がつけてあります。

熟字訓など特別な読み方は「ことば」の欄に＜　＞で紹介しています。

提出漢字の通し番号

15

谷	読み方	たに や＊ コク
	ことば	谷 渋谷 ＜長谷川さん＞
	例文	渋谷は谷になっている。

日本語能力試験 N3、N2 レベルの語彙を中心に、課のトピックに合ったものを載せています。
太字になっている語は、N3、N2 レベルの漢字が使われている重要語やそれ以外でも覚えるのが望ましいと思われる語です。

例文の中の提出漢字にはルビがついていません。他の漢字には全部ついているため、新しい漢字に焦点を当てて、読む練習をすることができます。

ここでは、チャレンジで紹介した漢字を1字ずつ練習していきます。「楽しく覚えよう」などを参考に、漢字の覚え方を考えながら練習しましょう。できるだけいろいろな覚え方のアイディアに触れ、自分なりの漢字学習の方法を見つけましょう。

「ポイント」では、字形や読み方、送り仮名など、間違いやすいところを確認します。漢字学習ストラテジーに関するものには、💡マークがついています。パーツ（構成要素）の意味や読み方をしっかり確認しましょう。💭がついているところは、自分なりの記憶法を考えてみてください。

ポイント：共通の読み方は？

① 💡 際・祭

[　　　　]

ポイント：漢字は何？

③ 💡 = □

= ケケ

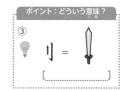

ポイント：どうやって覚える？

④ 💡 連

ポイント：どういう意味？

③ 💡 リ = 🗡

[　　　　]

「1回書いてみよう」は、提出漢字をまず一度書いてみるスペースです。覚えるためにどのくらい書く練習が必要かは個人差があります。漢字によっても違うでしょう。練習する量は自分で考えてほしいという思いから、たくさんの練習のマスは作らず、ここでは一度書いてみるスペースを設けました。書くことを目標にしない学習者も、形をとらえるために一度書いてみることをお勧めします。

---

* 「漢字たまごのヒント＆ポイント」が、ダウンロードできます。

漢字たまごサポートページ（凡人社ウェブサイト内）
https://www.bonjinsha.com/wp/kanjitamago_intermediate

---

③「練習1：書いてみよう」

②の練習後、提出漢字を覚えるため、読み書きの力をつけるための練習をします。さまざまな練習により、漢字が複数のパーツで構成されていることを意識化します。同時に既習の漢字と関連付け、提出漢字の整理も行います。さらに、意味のグループでまとめたり、音読み・訓読みに注意を向ける訓練をしたり、形声文字（音符）を繰り返し確認し、練習したりします。中級では、漢字語彙に注目し、漢字を組み合わせて言葉を作る練習を多く取り入れています。漢字を覚えることで語彙が増えていくことを実感してほしいと思っています。同様の練習を繰り返し行い、記憶を定着させていきます。

④「練習2：やってみよう」

実際の接触場面に近い状況で、必要な情報を読み取ったり、漢字を書いたりできるよう、実践練習をします。各タスクとも、正しい解答を得るのはもちろんですが、解答に至る道筋・タスク達成の方法を学ぶことが大切です。どのような点に着目すれば正しい情報が得られるか、未知の漢字語彙があった場合、その意味をどのように推測するか実際に体験します。

情報取りには、書かれたものから読み取るものと、書かれている情報と音声による情報を組み合わせて内容を読み取るものの2つのタイプがあります。どちらもまずは1人で、辞書を使わず、自分の力だけでチャレンジします。音声を聞いて答える問題では、聞く前に情報部分を見る時間を取るといいでしょ

う。タスクの情報量は多く、未習の漢字や語彙も含まれていますが、その部分を読んだり、意味を確認したりする必要はありません。既に知っている知識をフルに使って、わかる範囲の中で、いかに必要な情報を得ていくかが重要です。

◆ 凡例
🎧01　音声ファイルの番号を表しています。

【👂】　聴読解問題が始まることを示しています。

＊音声のストリーミング再生とMP3ファイルのダウンロードができます。

漢字たまごサポートページ（凡人社ウェブサイト内）
https://www.bonjinsha.com/wp/kanjitamago_intermediate

Structure of this book, and how to use it

◆ *Kanji* characters covered in this book

　　Kanji Tamago Intermediate Level 1 covers 356 *kanji* characters. Together with *Kanji Tamago Intermediate Level 2,* it covers the *kanji* characters needed for passing levels N3 and N2 of the Japanese-Language Proficiency Test.

　　The *kanji* characters included are divided into the following two categories.

提出漢字 **(Featured characters) :** Learners will learn how to read and write each character.
読める **(Characters for reading) :** Learners are only required to learn the meaning and pronunciation of these *kanji* characters. These *kanji* characters may also reappear in later lessons as 提出漢字 (Featured characters).

◆ Structure of this book

(1) Lesson 1 to Lesson 10

(2) 楽しく覚えよう１／２ (Enjoy studying 1/2) : This section introduces the parts (structural elements) that make up a *kanji* character, phono-semantic characters (characters made up of a phonetic component (sound)) and a semantic component (meaning)), and mnemonic methods to help you remember them.

(3) 読み方に気をつけよう１／２ (Watch out for the pronunciation 1/2) : Segment 1 explains the rules for changing the sounds of *kanji* characters. Segment 2 sets out questions for checking *kanji* characters with multiple *onyomi* (Chinese-derived pronunciation) and *kunyomi* (Japanese pronunciation).

(4) コラム (Column) : This section summarizes and introduces useful *kanji* characters based on scenarios and themes.

(5) もう少しやってみよう (Let's study some more) : This section is a collection of review questions for Lesson 1 to Lesson 10. Segment I covers review questions, and Segment II introduces other ways of the reading the *kanji* characters the learner has already studied.

◆ Structure of each lesson

Each lesson covers four topics.
The illustrations on the title page show the scenarios and topics covered in that lesson.

◆ Structure of each topic

(1) チャレンジ (Challenge)
(2) 提出漢字 (Featured characters), 読める (Characters for reading), ポイント (Key points), １回書いてみよう (Try writing it once)
(3) 練習１：書いてみよう (Exercise 1: Let's write)
(4) 練習２：やってみよう (Exercise 2: Let's try)

◆ Ruby (small *hiragana* or *katakana* characters printed alongside *kanji* characters to aid with reading)

チャレンジ (Challenge), 練習２：やってみよう (Exercise 2: Let's try): Ruby characters are not provided for *kanji* characters in materials used for information-gathering tasks (for example, graphs and figures, posters, maps).

練習１：書いてみよう (Exercise 1: Let's write): Ruby characters are not provided for *kanji* characters that learners have already studied, and in texts asking learners how to read or write *kanji* characters. Ruby characters are provided for proper nouns such as the names of places.

◆ How to proceed through each section

(1) チャレンジ (Challenge)

This section covers the scenarios where learners will actually have many opportunities to see or use certain *kanji* characters. There are free-response questions as well as problem-based questions. By using the knowledge they have, learners infer the meaning and pronunciation of new *kanji* characters and challenge themselves to answer the questions. Learners should be conscious of when and where to use the new *kanji* characters they are studying, and what they can achieve by learning the *kanji* characters in that topic. They do not need to worry even if the "Challenge" questions seem difficult. Instead, they should try to infer based on the words that are used together with the *kanji* characters, or search for *kanji* characters that they already know. Then, they should think about when and where the *kanji* characters are used and how to read them.

(2) 提出漢字 (Featured characters)

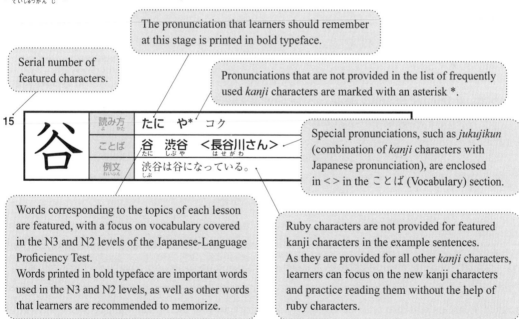

Serial number of featured characters.

The pronunciation that learners should remember at this stage is printed in bold typeface.

Pronunciations that are not provided in the list of frequently used *kanji* characters are marked with an asterisk *.

Special pronunciations, such as *jukujikun* (combination of *kanji* characters with Japanese pronunciation), are enclosed in < > in the ことば (Vocabulary) section.

Words corresponding to the topics of each lesson are featured, with a focus on vocabulary covered in the N3 and N2 levels of the Japanese-Language Proficiency Test.
Words printed in bold typeface are important words used in the N3 and N2 levels, as well as other words that learners are recommended to memorize.

Ruby characters are not provided for featured kanji characters in the example sentences.
As they are provided for all other *kanji* characters, learners can focus on the new kanji characters and practice reading them without the help of ruby characters.

Here, learners practice the *kanji* characters introduced in the チャレンジ (Challenge) section, one character at a time. Using the 楽しく覚えよう (Enjoy studying) section as a reference, learners should practice while thinking about how to memorize the *kanji* characters. They should discover as many different ideas for memorizing *kanji* characters as possible, and find a method for learning *kanji* that best suits themselves.

In the ポイント (Key points) section, learners check the places where it is easy to make mistakes, such as the form and shape of characters, pronunciation, and *okurigana* (kana characters following *kanji* characters). Key points related to *kanji* learning strategies are marked out (💡). Learners should carefully check the meaning and pronunciation of the parts (structural elements) of a *kanji* character. They should think of their own unique mnemonic techniques for memorizing *kanji* characters marked with a " 💭 ."

   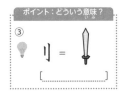

１回書いてみよう (Try writing it once) provides a space for learners to try writing the featured *kanji* character once on their own. The amount of writing practice needed in order to memorize a *kanji* character is different for every individual. It also varies depending on the *kanji* character. As we would like each learner to think about how much independent practice they need, we created a space here for writing the *kanji* character once instead of many boxes for practicing. Even for learners whose goal is not to learn how to write, we recommend writing each character just once to understand how they are shaped.

---

*Kanji Tamago: Hints and Points can be downloaded from the website below.

Kanji Tamago Support Page (on Bonjinsha's website)
   https://www.bonjinsha.com/wp/kanjitamago_intermediate

---

(3) " 練習１：書いてみよう (Exercise 1: Let's write)

After completing the exercises in (2), learners will use the exercises in this section to remember the featured *kanji* characters and acquire reading and writing skills. Through various practices, learners gradually become aware that *kanji* characters are made up of multiple parts. At the same time, the featured *kanji* characters are organized in association with *kanji* characters that learners have already studied. Learners will also practice grouping *kanji* characters by their meaning, pay attention to *onyomi* and *kunyomi* as they practice, and repeatedly check and practice phono-semantic characters (notations). The intermediate level focuses on vocabulary comprising of *kanji* characters and incorporates many exercises that involve making words by combining *kanji* characters. With the aim of giving learners a real sense that their vocabulary is growing through memorizing *kanji* characters, learners are encouraged to repeat the same drills over and over to help commit the characters to memory.

(4) "練習２：やってみよう (Exercise 2: Let's try)
<small>れんしゅう</small>

In this section, learners get hands-on practice in conditions close to actual scenarios where the *kanji* characters are used, so that they can develop the skills to obtain the necessary information through reading, as well as to write the *kanji* characters. In each task, learners are expected to come up with the correct answers, but more importantly, to learn how to arrive at the correct answers and complete tasks. Through practical drills, they will learn what to focus on in order to obtain the correct information, and how to infer the meaning of any unknown vocabulary containing *kanji* characters.

There are two ways of obtaining information: by reading written text, and by combining written text with audio materials to obtain information. For both methods, learners first tackle the challenge on their own, using only their skills but not a dictionary. For listening comprehension exercises, learners should take their time to look through the information before listening to the audio material. The tasks contain much information and include *kanji* characters and vocabulary that learners have not studied yet, so there is no need to read these sections and try to understand their meaning. Rather, it is import-ant for them to fully utilize the knowledge they already have and think about how to obtain the infor-mation they need within the limits of their understanding.

◆ Legend

🎧 *01* Shows the audio file numbers.

【👂】　　Shows the start of a listening comprehension task.

---

*Audio files (MP3) can be streamed and downloaded from the website below.

Kanji Tamago **Support Page (on Bonjinsha's website)**
https://www.bonjinsha.com/wp/kanjitamago_intermediate

できること一覧 Can-do list

課	タイトル	トピック	できることの具体例	Specific examples of things learners will be able to do
1	新たな出会い	1 お知らせを見てみよう	・交流会のお知らせを読むことができる。	・Can read announcements from the exchange event.
		2 お名前は？	・学習した漢字が使われている日本人の名前を読んだり、書いたりすることができる。	・Can read and write the names of Japanese people using the *kanji* characters learned.
		3 知り合った人と	・新しく知り合った人とSNSでやり取りができる。	・Can communicate with new acquaintances on social media.
		4 天気予報をチェック！	・スマートフォンやテレビで天気予報を見て、天気についての情報がわかる。	・Can watch the weather forecast on a smartphone or TV and understand the weather information provided.
2	楽しい食事・上手な買い物	1 レストラン・お弁当屋で	・レストランやお弁当屋などの商品の説明や値段がわかる。	・Can understand product descriptions and prices at restaurants, *bento* (lunch box) shops, etc.
		2 食品パッケージ	・食品のパッケージに書いてある表示や説明がわかる。	・Can understand the displays and explanations written on food packaging.
		3 オンラインショッピング	・インターネットで買い物をするとき、商品の情報や評価を見て比較し、選択することができる。	・When shopping online, can read and compare product information and reviews, and make a selection.
		4 荷物を送る・受け取る	・宅配便の不在連絡票の内容がわかる。 ・宅配便を送るために、漢字を使って伝票を書くことができる。	・Can understand the contents of missed delivery notices left by couriers. ・Can use *kanji* characters to fill in a form for sending a package by courier.

課	タイトル	トピック	できることの具体例	Specific examples of things learners will be able to do
3	時間を生かす	1 看板・注意書き	・店や施設内の注意書きやお知らせなどがわかる。	· Can understand notices and announcements, etc. put up in shops and facilities.
		2 行き方を調べる	・乗り換え案内アプリを使って、自分の希望に合ったルートを調べることができる。	· Can find a travel route that matches one's preferences using a transfer guide app.
		3 駅で	・駅や電車内の表示や注意書きがわかる。	· Can understand the displays and notices put up in stations and trains.
		4 留学生活	・留学生活の体験談を読むことができる。 ・留学生活について、漢字を使って書くことができる。	· Can read accounts of study abroad experiences. · Can use *kanji* characters to write accounts of study abroad experiences.
4	地域を知って生活する	1 銀行	・通帳の中の口座に関する情報がわかる。 ・銀行のATMの画面の指示や注意書きがわかる。	· Can understand information related to the bank account in a passbook. · Can understand the instructions and notices on the bank's ATM display screen.
		2 書類の記入	・書類（入学願書、奨学金申請書など）に必要事項を書くことができる。	· Can write the necessary information in documents (school admission form, scholarship application form, etc.)
		3 料金を支払う	・公共料金や携帯電話の請求書や明細、払込書などの内容がわかる。	· Can understand the contents of public utilities or phone bills, statements, payment slips, etc.
		4 図書館を利用する	・図書館の利用案内やお知らせの内容がわかる。	· Can understand the contents of library user guides and announcements.

課	タイトル	トピック	できることの具体例	Specific examples of things learners will be able to do
5	緊急事態！ きんきゅうじたい	**1** 緊急速報 きんきゅうそくほう	・災害の緊急速報を見て、災害の状況や必要な行動がわかる。	・ Can watch or read and emergency disaster report and understand the disaster situation and the necessary actions to take.
		2 いざというときのために	・防災に関する情報（準備すること、お知らせなど）がわかる。	・ Can understand disaster-related information (what to prepare, announcements, etc.)
		3 身近な交通情報 みぢかなこうつうじょうほう	・交通情報のニュースや案内表示を見て、交通機関の運行状況がわかる。	・ Can watch or read news and information displays related to traffic information and understand the operating status of transportation service providers.
		4 メッセージを送る・読む おくる・よむ	・遅刻に関するメッセージのやり取りができる。 ・上司から受け取った簡単なメッセージの内容がわかる。	・ Can exchange messages about being late. ・ Can understand the contents of simple messages received from one's supervisor.
6	地図を広げる ちずをひろげる	**1** 行き方を確認する いきかたをかくにんする	・地図を見て、目印となる建物などがわかり、目的地への行き方がわかる。	・ Can look at a map and understand the landmark buildings and how to reach one's destination.
		2 観光マップを見よう かんこうマップをみよう	・観光マップを見て、その観光地の情報がわかる。	・ Can look at a sightseeing map and understand the information on that sightseeing spot.
		3 日本の地理について知ろう にほんのちりについてしろう	・ガイドブックに書かれているその国、地域の気候や特徴について読むことができる。	・ Can read information related to a country, the regional climate, characteristics, etc. written in a guidebook.
		4 出身地について書いてまとめよう しゅっしんちについてかいてまとめよう	・ある国や地域の紹介を読んで、基本的な必要な情報がわかる。 ・自分の出身地についての基本的な情報をポスターに漢字を使って書くことができる。	・ Can read information introducing a certain country or region and understand the basic information. ・ Can use *kanji* characters to write basic information about one's native country in a poster.

課	タイトル	トピック	できることの具体例	Specific examples of things learners will be able to do
7	世代を超えた交流	1 ボランティア募集のお知らせ	・お知らせなどから、ボランティア活動の内容がわかる。	・ Can understand the contents of volunteer activities from announcements, etc.
		2 お世話になった人へ	・お世話になった人に就職、進学、結婚、引越しなどの出来事をメッセージや手紙などで報告することができる。	・ Can report on matters such as finding a job, furthering education, marriage, moving house, etc. through messages or letters to the people who have provided support to one.
		3 折り紙を折ろう	・折り紙の説明を読んで、折り方がわかる。	・ Can read explanations about *origami* (paper folding craft) and understand how to fold the paper.
		4 和食のメニュー	・メニューを見て、どんな料理かわかる。	・ Can read a menu and understand the dishes described.
8	気持ちを伝える	1 メッセージを贈る	・年賀状や結婚式の招待状に書かれていることがわかる。 ・お祝いの気持ちを書いて伝えることができる。	・ Can understand the contents written in a new year's card and wedding invitation. ・ Can write and convey congratulatory messages.
		2 SNSやメールで気持ちを伝える	・今の悩みや気持ちなどについて友達とメッセージのやり取りができる。 ・SNSで友達の投稿を読んでコメントすることができる。	・ Can exchange messages with friends about current troubles, emotions, etc. ・ Can read and comment on a friend's post on social media.
		3 漫画	・漫画を読んで登場人物の心情などがわかる。	・ Can read a comic book and understand the emotions of the characters, etc.
		4 歌詞	・歌のタイトルや歌詞を読むことができる。	・ Can read the title and lyrics of a song.

課	タイトル	トピック	できることの具体例	Specific examples of things learners will be able to do
9	漢字を楽しむ	1 記号のような漢字	・記号のような漢字がわかり、その漢字から店や学校のお知らせ、表示の内容がわかる。	・ Can understand *kanji* characters that resemble symbols, and understand announcements and displays at shops and schools based on those characters.
		2 形声文字	・形声文字の音符から読み方を類推することができる。	・ Can infer the pronunciation of phono-semantic characters from the notation.
		3 助数詞	・助数詞を表す漢字がわかり、それが何の数を表す情報なのかわかる。	・ Can understand *kanji* characters denoting quantifiers (counting words), and understand what those characters are used to count.
		4 四字熟語・慣用句・ことわざ	・学習した漢字が使われている四字熟語、慣用句、ことわざを読むことができ、意味がわかる。	・ Can read and understand the meaning of four-character proverbs, idioms, and other proverbial sayings that use the kanji characters one has studied.
10	日本を旅する	1 SNSで観光地を調べよう	・SNS上にある観光地の情報がわかる。	・ Can understand information on sightseeing spots on social media.
		2 宿泊施設を探す	・宿泊施設の情報がわかり、希望に合ったところを選ぶことができる。	・ Can understand information on accommodation facilities and select something that suits one's preferences.
		3 乗り物のチケットを準備する	・バスや電車の座席を予約するインターネットサイトの情報がわかる。 ・バスや電車のチケットに書かれている内容がわかる。	・ Can understand information on a website for booking bus or train tickets. ・ Can understand the contents written on bus or train tickets.
		4 旅行先を詳しく知ろう	・観光地のチラシやパンフレットを読むことができる。 ・SNSに自分の旅行の様子や感想を漢字を使って書くことができる。	・ Can read a leaflet or brochure about a sightseeing spot. ・ Can use *kanji* characters to write an account and impressions of one's own trip on social media.

漢字リスト Kanji list
かんじ

● 中級1
ちゅうきゅう

課	タイトル	トピック	提出漢字	字数	読める	語数
1	新たな出会い	1 お知らせを見てみよう	際 流 参 加 申 込 化 各 誰	9	氏名　締め切り　抽選	10
		2 お名前は？	丸 石 竹 玉 戸 谷 原 渡 辺	9	石井　高橋　鈴木　佐藤	
		3 知り合った人と	昨 次 達 緒 紹 介 調 連 絡	9		
		4 天気予報をチェック！	晴 雲 雪 温 暖 冷 涼 汗 末	9	曇り　降る　雷	
2	楽しい食事・上手な買い物	1 レストラン・お弁当屋で	替 得 価 税 割 並 辛 甘 召	9	弁当　大盛り	3
		2 食品パッケージ	蔵 庫 賞 期 限 材 麦 乳 秒	9		
		3 オンラインショッピング	探 順 届 数 最 格 比 較 評	9	検索	
		4 荷物を送る・受け取る	在 配 再 凍 衣 類 希 望 翌	9		
3	時間を生かす	1 看板・注意書き	営 準 備 非 常 故 清 掃 床	9	故障	2
		2 行き方を調べる	換 到 現 刻 快 速 徒 賃 表	9		
		3 駅で	鉄 階 段 反 対 路 落 改 札	9		
		4 留学生活	活 忙 慣 標 将 経 続 相 談	9	夢	
4	地域を知って生活する	1 銀行	様 普 預 支 額 確 認 硬 貨	9	通帳　振込　口座	5
		2 書類の記入	記 姓 齢 歳 性 府 番 号 殿	9		
		3 料金を支払う	払 領 収 受 印 細 基 費 等	9	請求	
		4 図書館を利用する	付 必 過 雑 誌 刊 児 童 庭	9	登録	
5	緊急事態！	1 緊急速報	難 危 険 身 震 波 河 暴 害	9	津波　避難　警報　災害	6
		2 いざというときのために	防 守 保 存 倒 伝 訓 練 否	9	～袋	
		3 身近な交通情報	情 報 乱 延 変 更 状 況 想	9	影響	
		4 メッセージを送る・読む	向 途 混 束 寝 坊 訳 他 第	9		
6	地図を広げる	1 行き方を確認する	周 郵 警 察 署 橋 神 駐	8		3
		2 観光マップを見よう	観 湖 島 港 岸 坂 畑 城 塔	9		
		3 日本の地理について知ろう	候 平 均 降 量 列 州 昔 泉	9	温帯	
		4 出身地について書いてまとめよう	位 置 面 積 囲 季 節 然 恵	9	熱帯　大陸	
7	世代を超えた交流	1 ボランティア募集のお知らせ	域 簡 単 指 導 宅 程 係 当	9	担当	4
		2 お世話になった人へ	就 職 告 皆 久 決 関 狭 妻	9		
		3 折り紙を折ろう	折 裏 横 角 両 側 完 成	8	縦	
		4 和食のメニュー	焼 蒸 巻 挟 盛 干 根 枝 豆	9	煮る　揚げる	
8	気持ちを伝える	1 メッセージを贈る	旧 良 祈 結 婚 式 祝 永 幸	9		4
		2 SNSやメールで気持ちを伝える	皿 失 敗 怒 感 念 覚 迷 絶	9	迷惑　大丈夫　頑張る	
		3 漫画	恋 悩 恥 優 泣 笑 彼 君 実	9		
		4 歌詞	曲 贈 悲 涙 愛 喜 夢 抱 吹	9	作詞	

課	タイトル	トピック	提出漢字									字数	読める				語数
9	漢字を楽しむ	**1** 記号のような漢字	未	満	要	超	禁	可	済	級	的	9	厳禁				1
		2 形声文字	星	官	伸	張	粉	符	板	柱		8					
		3 助数詞	枚	杯	個	点	匹	羽	冊	軒	粒	9					
		4 四字熟語・慣用句・ことわざ	老	若	晩	腕	福	仲	猫	馬	棒	9					
10	日本を旅する	**1** SNSで観光地を調べよう	案	仏	緑	景	沈	訪	咲	散	商	9	滝	仏像	商店街		4
		2 宿泊施設を探す	宿	泊	客	浴	迎	喫	煙	選	戻	9	露天風呂				
		3 乗り物のチケットを準備する	片	往	復	央	座	窓	券	効		8					
		4 旅行先を詳しく知ろう	紅	葉	黄	頂	美	船	飛	似	呼	9					
												356					42

● 初級 しょきゅう

課	トピック	提出漢字	字数	読める			語数	見て、わかる			語数
1	どうぞよろしく！	私 人 才 学 生 / 校 日 本 語	9				—				—
2	買い物	一 二 三 四 五 / 六 七 八 九 十 / 百 千 万 円	14	牛肉	豚肉	鶏肉	3	～産 ～引き 酒			3
3	いつ、どこで？	月 火 水 木 金 / 土 曜 何 年 時 / 間 分	12	雨	場所		2	平日 祝日			2
4	新しい町で	東 京 名 前 国 / 男 女 区 市	9	電話	住所	～歳	3	性別			1
5	楽しい週末	先 週 毎 午 後 / 見 食 飲 買 物 / 行 休	12	～放題			1	営業 徒歩			2
6	一緒に！	今 来 帰 会 社 / 聞 読 書 話	9	新聞	図書館	辞書	3	受付			1
	漢字のパーツ	寺 言 貝 田 力 / 門	6				—				—
7	何を食べる？	肉 料 理 野 半 / 大 小	7	魚 / 酒	野菜 / ～丼	ご飯 / 半額	6	定食			1
8	家族のこと	家 族 父 母 兄 / 弟 姉 妹 犬 高 / 長 短	12	趣味			1	出身地 職業			2
9	好きなこと	好 歌 音 楽 車 / 映 画 旅 海 外	10	雑誌	漢字		2	書店			1
10	待ち合わせ	駅 上 下 地 図 / 館 右 左 道	9	北口 / 銀行	南口 / 地下鉄	西口	5	駐車場			1
11	何時に、何をする？	起 歩 乗 始 終 / 勉 強 朝 昼 夜	10	自転車	寝る		2	集合			1
12	病気のとき	体 目 耳 口 歯 / 病 院 薬 局	9	体重	受付	熱	3	内科 外科			2
13	旅行に行こう	世 界 春 夏 秋 / 冬 早 夕 予 約 / 光	11	観光	出発	到着	3	～泊~日 ～付き ～券			3

課	トピック	提出漢字 ていしゅつかんじ					字数 じすう	読める よ			語数 ごすう	見て、わかる み			語数 ごすう
14	気をつけて！ き	入	出	持	立	使	12	禁止	降りる		2	最〜	優先席	禁煙	3
		用	中	新	古	注									
		意	止												
15	どんなニュース？	天	気	雨	台	風	11	気温	事故	地震	3	晴	曇	雪	3
		多	低	度	交	通									
		死													
							162				39				26

● 初中級
しょちゅうきゅう

課	トピック	提出漢字	字数	読める	語数	見て、わかる	語数
1	始めよう！	仕 事 働 教 泳 / 英 運 転 方 留	10	可 不可 時給 / 履歴書	4	要〜	1
2	ショッピング	服 品 電 別 引 / 送 切 安 開 閉	10	払う 返品 無料	3	価格 税 〜込	3
3	目標に向かって	進 試 験 卒 業 / 説 明 写 真 願 / 部 科	12	専門 就職 受験	3	必着	1
4	申し込んでみよう！	住 所 民 役 知 / 問 合 定 員 無 / 集 友	12	申し込み 参加 / 他	3	〜費 在住 在学 / 在勤	4
5	住んでいる町で	急 特 線 回 遅 / 忘 待 取 消 残	10	各駅停車 暗証番号 / 確認 預ける	4	精算機 訂正 振込	3
	漢字のパーツ	心 主 糸 刀	4		−		−
6	旅行の計画	子 親 代 屋 内 / 自 由 発 着 遠	10	泊まる 送迎 温泉	3	往復	1
7	料理を作ろう！	牛 魚 飯 菜 味 / 色 茶 少 洗 弱 / 暗	11	砂糖 塩 油 / 卵	4	限定	1
8	引っ越し	広 便 利 建 近 / 空 室 和 洋 有	10	〜階 家賃 保証人 / 引っ越し	4	敷金 礼金 収納	3
9	働いているところで	足 手 元 作 返 / 者 林 森 村 山 / 川	11	返信 〜様	2	保存 印刷	2
10	遊びに行って	場 動 公 園 鳥 / 遊 池 店 売 産 / 軽	11	美術館	1	展望台	1
11	地域で	工 医 紙 町 南 / 以 初 借 貸 押	10	燃える 缶	2	資源ごみ 駐輪場	2
12	いろいろな健康法	頭 顔 首 走 声 / 重 太 計 不 痛	10	健康 両〜 肩 / 体脂肪	4	秒	1
13	学校で	文 研 究 課 題 / 習 堂 席 欠 全	10	授業 宿題 実習 / 寮	4	期限	1

課	トピック	提出漢字					字数	読める			語数	見て、わかる			語数
14	日本を知る	都	県	北	西	正	11	関西	お祝い	結婚式	3				—
		花	祭	青	黒	白									
		赤													
15	ニュースをチェック	漢	字	暑	寒	去	12	調べる	増える	減る	4	殺す	盗む	逮捕	3
		質	答	同	思	考		過去							
		銀	悪												
							164				48				27

漢字たまご
かんじ

第1課〜第10課
だい か だい か

楽しく覚えよう 1
―パーツを分けるー

● 漢字のパーツ　〜パーツに分ける〜

漢字はいくつかのパーツで作られています。漢字をパーツに分けてみましょう。

例 　① 　② 　③

よく一緒に使うパーツは
セットで覚えよう！

● 漢字の部首　〜大切なパーツ〜

漢字には、部首というその漢字の中で大切なパーツがあります。

どんな漢字か考えてみましょう。

① 　・　・　　・　・　階、降、陸

② 　・　・　　・　・　薬、葉

③ 　・　・　　・　・　猫

④ 　・　・　　・　・　都、部、郵

⑤ 　・　・　　・　・　頭、願、額

● 同じパーツを持つ漢字　〜漢字のグループを作る〜

同じパーツの漢字をまとめて、覚えましょう。

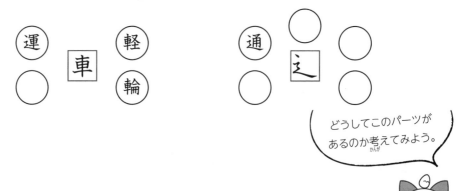

どうしてこのパーツがあるのか考えてみよう。

● 漢字の意味　〜いくつかの意味を持つ漢字〜

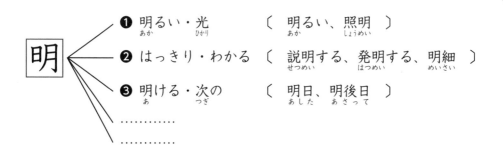

明
- ❶ 明るい・光　　　〔　明るい、照明　〕
- ❷ はっきり・わかる　〔　説明する、発明する、明細　〕
- ❸ 明ける・次の　　〔　明日、明後日　〕
  ....
  ....

安
- ❶ 心配がない　〔　安心、不安、安全　〕
- ❷ 値段が安い　〔　安い、安売り、安物　〕

パーツや漢字の意味からどんな言葉か考えることができるね！

● 話しましょう！　〜みんなのアイディア〜

皆さんはどうやって漢字を覚えますか。練習するとき、何に気をつけますか。みんなで話しましょう。

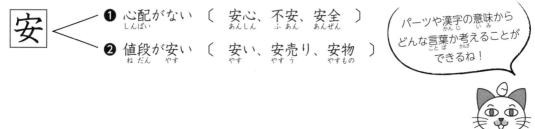

温
汗
参加

さあ、中級スタート！　がんばろう！

第1課
だい か

新たな出会い
あら で あ

第1課 1

お知らせを見てみよう

● イベントのお知らせを見ています。どんなイベントですか。

国際交流のつどい

日時：4月21日（土）10：00〜13：00
場所：さくら区民会館

── プログラム ──

1．留学生による日本語スピーチ 　　1 階ホール

2．日本文化体験（定員：各 20 名） 　　2 階和室他
「茶道」「華道」「書道」「着物」
（お申し込みが 21 名以上の場合、抽選）

日本文化体験のお申し込み： 電話または e-mail で
　　　　　　　　　　　　 氏名、電話番号をお知らせください。

申し込み締め切り： 4 月 11 日（水）

みんな来てね
誰でも参加
できるよ！

さくら区交流協会

〒 16*-00**　さくら区中央 4-28-6
電話：0*-33**-****　　e-mail：tanoshiku@koryu.jp

1	際	読み方	サイ　きわ
		ことば	国際 こくさい
		例文	来月、国際会議が開かれる。 らいげつ こく かい ぎ ひら
2	流	読み方	リュウ　なが-れる　なが-す
		ことば	交流　流れる　流す　流行 こうりゅう なが なが りゅうこう
		例文	交流会のお知らせを見た。／この町には３つの川が流れている。 こう かい し み まち かわ なが
3	参	読み方	サン　まい-る
		ことば	参加　持参　参る さんか じさん まい
		例文	イベントに参加する。／中国から参りました。 か ちゅうごく まい
4	加	読み方	カ　くわ-わる　くわ-える
		ことば	参加　増加　加わる　加える さんか ぞうか くわ くわ
		例文	留学生が増加している。／新しいメンバーがチームに加わる。 りゅうがくせい ぞう あたら くわ
5	申	読み方	もう-す　シン
		ことば	申す　申し込む　申請 もう もう こ しんせい
		例文	私はパクと申します。／交流会に申し込んだ。 わたし もう こうりゅうかい こ
6	込	読み方	こ-む　こ-める
		ことば	申し込み　〜込む　込める もう こ こ
		例文	申し込みの締め切りは金曜日です。／心を込めて手紙を書く。 もう し き きんようび こころ こ てがみ か
7	化	読み方	カ　ケ　ば-ける　ば-かす
		ことば	文化　化粧品　〜化 ぶんか けしょうひん か
		例文	日本の文化が好きです。／化粧品を買った。 に ほん ぶん か す しょうひん か
8	各	読み方	カク　おの
		ことば	各〜　各地　各国　各自 かく かくち かっこく かくじ
		例文	８月は各地で花火大会が開かれる。 がつ かく ち はな び たいかい ひら
9	誰	読み方	だれ
		ことば	誰 だれ
		例文	このイベントは誰でも参加できます。 だれ さん か

ポイント：共通の読み方は？
きょうつう よ かた
① 際・祭
[　　　　　　]

ポイント：どっちがいい？
② 参　参
A　　　B

ポイント：どっちがいい？
③ 込　込
A　　　B

ポイント：共通の読み方は？
きょうつう よ かた
④ 化・花
[　　　　　　]

読める	氏名　　締め切り　　抽選
	しめい し き ちゅうせん

✎ ❶こくさい ＿＿＿＿＿　　❷ながれる ＿＿＿＿＿　　❸さんか ＿＿＿＿＿

❹もうしこむ ＿＿＿＿＿　　❺ぶんか ＿＿＿＿＿　　❻かくち ＿＿＿＿＿

❼だれ ＿＿＿＿＿＿＿＿

Ⅰ．□に漢字を1つ入れて、（　　　）に読み方をひらがなで書いてください。
　　　　かんじ　　い　　　　　　　　　　　よ　かた　　　　　　　　　か

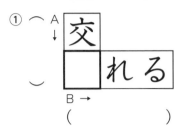
①

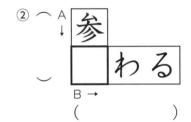
②

Ⅱ．Aから1字、Bから1字漢字を選んで、言葉を作ってください。（　　　）に読
　　　　じ　　　　じ　かんじ　えら　　　ことば　つく　　　　　　　　　　　　　　よ
み方も書いてください。
かた　か

| A | 文　国　流　持 | B | 際　行　化　参 |

＿＿＿＿＿＿　　　＿＿＿＿＿＿　　　＿＿＿＿＿＿　　　＿＿＿＿＿＿
（　　　　　　）　（　　　　　　）　（　　　　　　）　（　　　　　　）

Ⅲ．＿＿＿＿＿の漢字をひらがなで、ひらがなを漢字で書いてください。
　　　　　　　　かんじ　　　　　　　　　　　かんじ　か

① 私はグェンともうします。ベトナムから参りました。

② この店で化粧品を買うと、抽選で100名にプレゼントが当たります。
　　　　　　しょう

③ この国際大会には世界各国の選手がさんかする予定です。
　　　　　　　　　　　　　　　　　せん

④ スピーチ大会のもうしこみの締め切りは3月5日です。

⑤ ここに住所、氏名を書いてください。

● イベントのお知らせを見ています。
し み

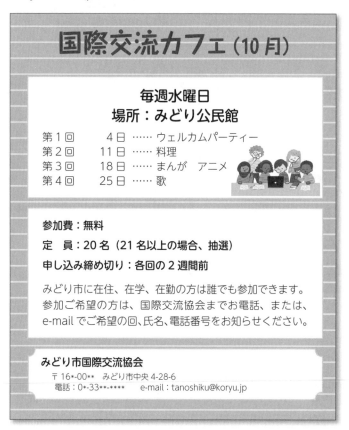

国際交流カフェ（10月）

毎週水曜日
場所：みどり公民館

第1回　　4日 …… ウェルカムパーティー
第2回　　11日 …… 料理
第3回　　18日 …… まんが　アニメ
第4回　　25日 …… 歌

参加費：無料
定　員：20名（21名以上の場合、抽選）
申し込み締め切り：各回の2週間前

みどり市に在住、在学、在勤の方は誰でも参加できます。
参加ご希望の方は、国際交流協会までお電話、または、
e-mail でご希望の回、氏名、電話番号をお知らせください。

みどり市国際交流協会
〒 16*-00**　みどり市中央 4-28-6
電話：0*-33**-****　e-mail：tanoshiku@koryu.jp

① リンさんはみどり市の日本語学校に通っています。このイベントに行くこ
し　にほんごがっこう　かよ　　　　　　　　　　　　　　　　　　　　　　　　い
とができますか。

　　A できる　　　B できない

② アニメの回に行きたいです。A〜Cのどれがいいですか。
かい い

　　A 10月3日にお知らせにある電話番号に電話する
がつ か　　し　　　　　　　でんわばんごう　でんわ

　　B 10月11日にお知らせにあるメールアドレスにメールを送る
がつ にち　　し　　　　　　　　　　　　　　　　　　　おく

　　C 10月3日にみどり公民館へ行って書類を書く
がつ か　　　　　　こうみんかん　い　　しょるい　か

③ 参加希望者が30人いるとき、どうやって決めますか。
さんかきぼうしゃ　　にん　　　　　　　　　　き

お名前は？
なまえ

Ⅰ イベントに申し込みたいです。誰に電話をしますか。
　　　　　　もう　こ　　　　　　だれ　でんわ

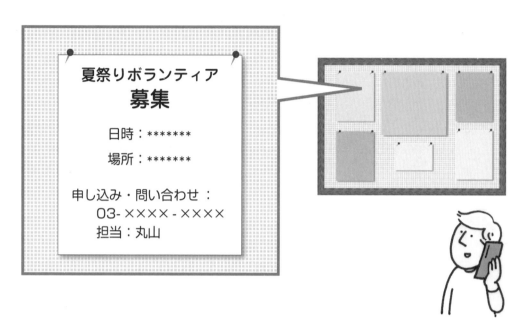

夏祭りボランティア
募集

日時：＊＊＊＊＊＊＊

場所：＊＊＊＊＊＊＊

申し込み・問い合わせ：
03-××××-××××
担当：丸山

Ⅱ 知っている日本人の名前を探してみましょう。
　　し　　　　にほんじん　なまえ　さが

石	戸	山	佐	藤	渡
井	原	田	丸	玉	辺
大	谷	竹	井	川	田
鈴	木	林	高	橋	口

10	丸	読み方	まる　まる-い　まる-める　ガン
		ことば	丸　丸い
		例文	正しいものに丸をつけてください。
11	石	読み方	いし　セキ　シャク　コク
		ことば	石　石油　磁石
		例文	石を投げないでください。
12	竹	読み方	たけ　チク
		ことば	竹
		例文	この辺りには竹がたくさん生えている。
13	玉	読み方	たま　ギョク
		ことば	100円玉　水玉　玉
		例文	100円玉が不足しています。／水玉のTシャツを買った。
14	戸	読み方	と　コ
		ことば	戸　井戸　一戸建て
		例文	戸を開けておいてください。
15	谷	読み方	たに　や*　コク
		ことば	谷　渋谷　<長谷川さん>
		例文	渋谷は谷になっている。
16	原	読み方	ゲン　はら
		ことば	野原　原宿　原因
		例文	野原でピクニックをする。／事故の原因は不明だ。
17	渡	読み方	わた-る　わた-す　ト
		ことば	渡る　渡す
		例文	橋を渡る。／学校を休んだ友達にプリントを渡す。
18	辺	読み方	ヘン　あた-り　なべ*　べ
		ことば	その辺　辺り　<渡辺さん>
		例文	荷物はその辺に置いてください。／この辺りは、昔、海だった。

ポイント：どっちがいい？
① 【まる】
A 九　B 丸

ポイント：どっちがいい？
② 【いし】
A 石　B 右

ポイント：漢字は何？
③ 〔竹の絵〕= □
= ケケ

ポイント：どっちがいい？
④ 【原因】
A げいいん
B げんいん

読める　石井　高橋　鈴木　佐藤
いしい　たかはし　すずき　さとう

❶まるい ＿＿＿＿＿＿　❷いし ＿＿＿＿＿＿　❸たけ ＿＿＿＿＿＿

❹たま ＿＿＿＿＿＿　❺と ＿＿＿＿＿＿　❻たに ＿＿＿＿＿＿

❼のはら ＿＿＿＿＿＿　❽わたる ＿＿＿＿＿＿　❾そのへん ＿＿＿＿＿＿

Ⅰ. 漢字を作ってください。

① 刀 + 之 = ☐   ② ☐ + 度 = ☐

③ ☐ − ☐ = 原

Ⅱ. ☐に同じパーツを入れて、文を作ってください。

① a ネ めて日本に来たのは2年前です。

b この 之 りでおいしいレストランはどこですか。

② a 私が働いているところの店長は 父 さんと言います。

b くつを買うときは、サイズが 合 うかどうか、はいてみたほうがいい。

c 友達にパソコンを1 台 譲ってもらった。

Ⅲ. ＿＿＿＿の漢字をひらがなで、ひらがなを漢字で書いてください。

① この置物はいしで作られています。

② 昔、たけでおもちゃを作って遊んでいました。

③ 正しいものに丸をつけてください。

④ このプリントを戸田さんに渡してください。

⑤ 私は大学で佐藤先生、鈴木先生、高橋先生の授業をとっています。

⑥ [レジの貼り紙] 100円玉が不足しています。

Ⅰ アルバイト先の人と電話でシフトのことを話しています。今日は2日です。
　　さき　ひと　でんわ　　　　　　　　　はな　　　　　　　　きょう　　か

 02　 03

5月1日〜7日 シフト							鈴木店長：水曜休み
	1（月）	2（火）	3（水）	4（木）	5（金）	6（土）	7（日）
16:00-20:00	高橋 キム	丸山 キム	フェン 丸山	高橋 キム	丸山 玉川	フェン 石井	高橋 玉川
18:00-24:00	フェン 戸田	渡辺 タパ	戸田 タパ	戸田 谷	渡辺 チン	谷 チン	谷 タパ

【👂】①フェンさんが高橋さんの代わりにシフトに入るのはいつですか。
　　　　　　　　たかはし　　　か　　　　　　　　はい

　　　　　　日（　　　　）　　　　時　〜　　　　時まで

【👂】②タパさんはこの週いつシフトに入りますか。
　　　　　　　　　　しゅう　　　　　　はい

　　　A 火・水・日　　　　　B 水・金・日　　　　　C 火・水・金

Ⅱ 交流会で知り合った人と話しています。　　　　　　　　 04
　　こうりゅうかい　し　あ　ひと　はな

【👂】一緒に話している人の名前は何ですか。メモをしましょう。
　　　いっしょ　はな　　　　ひと　なまえ　なん

知り合った人と

● 高橋さんからメッセージをもらいました。どんな内容ですか。★に何を書きますか。

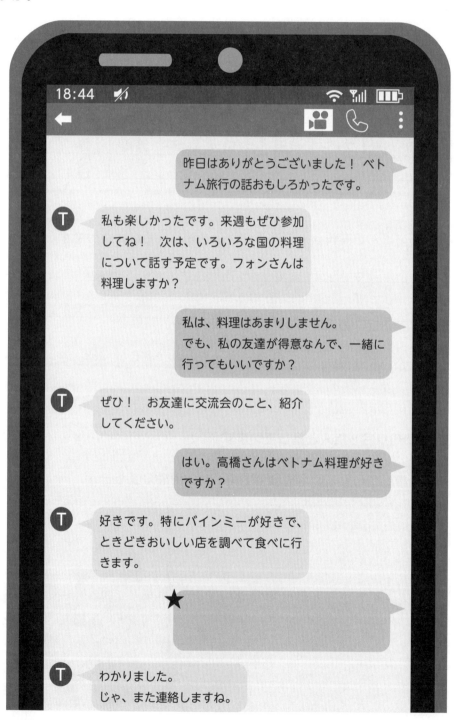

18:44

昨日はありがとうございました！ ベトナム旅行の話おもしろかったです。

T 私も楽しかったです。来週もぜひ参加してね！ 次は、いろいろな国の料理について話す予定です。フォンさんは料理しますか？

私は、料理はあまりしません。
でも、私の友達が得意なんで、一緒に行ってもいいですか？

T ぜひ！ お友達に交流会のこと、紹介してください。

はい。高橋さんはベトナム料理が好きですか？

T 好きです。特にバインミーが好きで、ときどきおいしい店を調べて食べに行きます。

★

T わかりました。
じゃ、また連絡しますね。

19	昨	読み方	サク
		ことば	<昨日> 昨日 昨年
		例文	昨日は暑かった。／昨年からこの会社で働いています。
20	次	読み方	ジ つぎ シ つ-ぐ
		ことば	次 次回
		例文	次の角を左に曲がってください。／次回の会議は15日です。
21	達	読み方	タツ タチ*
		ことば	<友達> 配達
		例文	友達とバーベキューをした。／買った家具を配達してもらう。
22	緒	読み方	ショ チョ お
		ことば	一緒
		例文	一緒に食事に行きませんか。
23	紹	読み方	ショウ
		ことば	紹介
		例文	簡単に自己紹介をしてください。
24	介	読み方	カイ
		ことば	紹介
		例文	交流会で、田中さんにアルバイトを紹介していただいた。
25	調	読み方	チョウ しら-べる ととの-う ととの-える
		ことば	調べる 調子 体調 調味料
		例文	言葉の意味を調べる。／今日は体の調子が悪い。
26	連	読み方	レン つ-れる つら-なる つら-ねる
		ことば	連絡 連休 連れて行く 連れる
		例文	あとで連絡します。／子どもを病院に連れて行く。
27	絡	読み方	ラク から-まる から-む
		ことば	連絡
		例文	ご連絡いただきましてありがとうございました。

ポイント：共通の読み方は？

① 💡 昨・作
[　　　　　　]

ポイント：どっちがいい？

② A 達　B 達

ポイント：どっちがいい？

③
A 調る
B 調べる

ポイント：どうやって覚える？

④ 💡 連

✏️ ❶きのう ＿＿＿＿＿＿＿　❷つぎ ＿＿＿＿＿＿＿　❸ともだち ＿＿＿＿＿＿

❹いっしょ ＿＿＿＿＿＿　❺しょうかい ＿＿＿＿＿＿　❻しらべる ＿＿＿＿＿＿

❼れんらく ＿＿＿＿＿＿

Ⅰ. □に漢字を1つ入れて、（　　　）に読み方をひらがなで書いてください。
かんじ　い　　　　　　　　　　　　　　　　よ　かた　　　　　　　　か

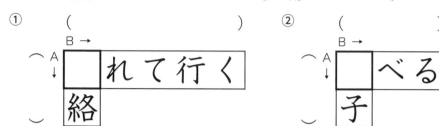

① （　　　　　　　　　　　）　　　　② （　　　　　　　　　　　）

B →　　　　　　　　　　　　　　　　B →
A　□れて行く　　　　　　　　A　□べる
↓　　　　　　　　　　　　　　　↓
　　絡　　　　　　　　　　　　　　子

Ⅱ. 同じパーツがある漢字を書いてください。
おな　　　　　　　　　　かんじ　か

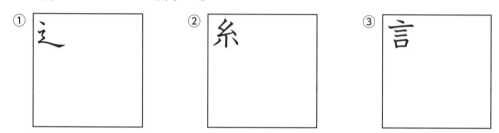

① 辶　　　　② 糸　　　　③ 言

Ⅲ. Aから1字、Bから1字漢字を選んで、言葉を作ってください。（　　　）に読
じ　　　　　じかんじ　えら　　　　ことば　つく　　　　　　　　　　　よ
み方も書いてください。
かた　か

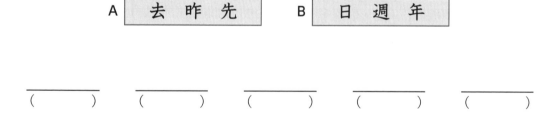

A　　去　昨　先　　　　　B　　日　週　年

___　　　　___　　　　___　　　　___　　　　___
（　　　）　（　　　）　（　　　）　（　　　）　（　　　）

Ⅳ. ＿＿＿の漢字をひらがなで、ひらがなを漢字で書いてください。
かんじ　　　　　　　　　かんじ　か

① つぎの連休に、一緒に映画を見に行きませんか。

② 体調が悪くて来られない場合は、必ずれんらくしてください。
　　　　　　　　　　　　　　　　かなら

③ 次回の国際交流会は、5月10日です。

● p.14 のメッセージの続きです。
　　　　　　　　　　つづ
_____のひらがなを漢字にしましょう。★に何を書きますか。
　　　　　　　　　　　　かんじ　　　　　　　　　　なに　か

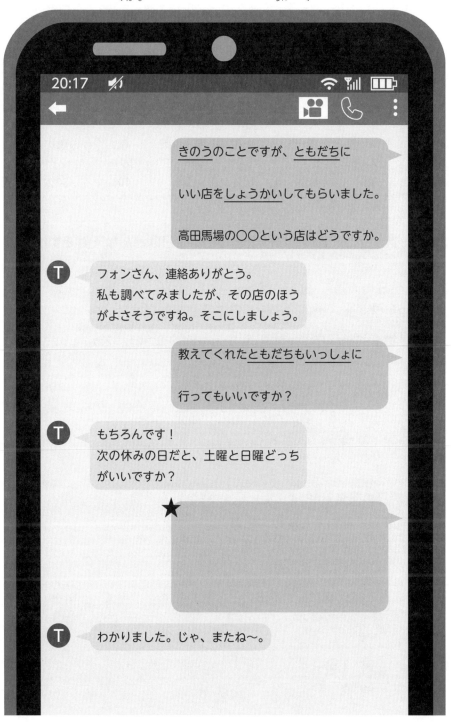

第1課 ④
天気予報をチェック！

Ⅰ 週間予報を見ています。洗濯するなら、いつがいいですか。

東京都 - 東京(東京)							
近隣地域の週間天気 ［ 伊豆諸島北部(大島) ｜ 伊豆諸島南部(八丈島) ｜ 小笠原諸島(父島) ］							

日付	3月15日 (木)	3月16日 (金)	3月17日 (土)	3月18日 (日)	3月19日 (月)	3月20日 (火)	3月21日 (水)
天気	☀☁	☁	☀	☁☔	☁	☁	☁☔
	晴時々曇	曇り	晴れ	曇時々雨	曇り	曇り	曇時々雨
気温	22 / 9	17 / 6	13 / 4	16 / 5	16 / 8	12 / 6	12 / 5
降水確率	0%	40%	10%	10%	40%	30%	70%

Ⅱ スマートフォンに天気情報が届きました。明日はどんな天気ですか。

① [明日の天気] 5/17（水）
中野区：☀ 0%　26℃ / 17℃　汗ばむ陽気に
全国：気温上がり、暖かく

② [明日の天気] 8/23（水）
大阪市中央区：雲広がる　激しい雷雨のところも
全国：夜は涼しく

③ [明日の天気] 2/4（木）
関東：平野部でも雪のおそれ
全国：今期一番の冷え込み

A 　　B 　　C

28	晴	読み方	セイ は-れる は-らす
		ことば	晴れ 晴れる 快晴
		例文	明日は晴れのち曇りの予想です。

ポイント：どうやって覚える？
① 💡 晴

29	雲	読み方	くも ウン
		ことば	雲
		例文	空に雲が浮かんでいます。

30	雪	読み方	ゆき セツ
		ことば	雪 大雪 初雪
		例文	昨日、雪が降りました。

31	温	読み方	オン あたた-かい あたた-か あたた-まる あたた-める
		ことば	気温 温度 体温 温かい
		例文	明日の予想最高気温は20度です。／温かいスープを飲む。

ポイント：どっちがいい？
②【あたたかいスープ】
A 温かい
B 暖かい

32	暖	読み方	ダン あたた-かい
		ことば	暖かい 温暖 暖房
		例文	今日は暖かい。／地球温暖化が進んでいる。

ポイント：どっちがいい？
③ A 暖 B 暖

33	冷	読み方	レイ つめ-たい ひ-える ひ-やす さ-める さ-ます
		ことば	冷たい 冷やす 冷える 冷める 冷蔵庫 冷房
		例文	冷たい風が吹いている。／冷蔵庫でビールを冷やす。

ポイント：どっちがいい？
④ A 冷 B 冷

34	涼	読み方	すず-しい リョウ
		ことば	涼しい
		例文	夕方から涼しくなりそうです。

35	汗	読み方	あせ カン
		ことば	汗
		例文	汗をかいたので、シャワーを浴びました。

36	末	読み方	マツ すえ バツ
		ことば	週末 末 月末 年末年始
		例文	週末はよく晴れるでしょう。／来月の末に引っ越しをする。

| 読める | 曇り 降る 雷 |

✎ ❶はれ ＿＿＿＿＿＿＿＿＿＿＿ ❷くも ＿＿＿＿＿＿＿＿＿＿＿ ❸ゆき ＿＿＿＿＿＿＿＿＿＿

❹あたたかい ＿＿＿＿＿＿＿＿／＿＿＿＿＿＿＿＿ ❺つめたい ＿＿＿＿＿＿＿＿

❻すずしい ＿＿＿＿＿＿＿ ❼あせ ＿＿＿＿＿＿＿ ❽しゅうまつ ＿＿＿＿＿＿＿

Ⅰ. □に漢字を1つ入れて、（　　）に読み方をひらがなで書いてください。
　　　　かんじ　い　　　　　　　　　　　　　よ　かた　　　　　　　か

① （　　　　　　　　　）

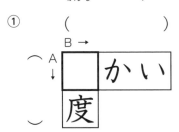

② （　　　　　　　　　）

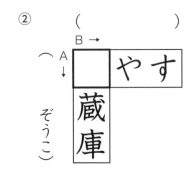

Ⅱ. □にパーツを入れて、文を作ってください。
　　　　　　い　　　　　　ぶん　つく

① a　週末、大　[雨]　が降るかもしれません。

　 b　明日は　[雨]　の多い1日となるでしょう。

② a　明日はよく　[日]　れて、行楽日和になりそうです。

　 b　今日はぽかぽかと　[日]　かい一日だった。

Ⅲ. ＿＿＿＿の漢字をひらがなで、ひらがなを漢字で書いてください。
　　　　　　　　かんじ　　　　　　　　　　　　　　かんじ　か

① 日中はきおんが上がりますが、夕方は下がり、すずしく感じられるでしょう。
　　　　　　　　　　　　　　　　　　　　　　　　　　　　　　かん

② スープが冷めてしまいました。

③ 今月の末に帰国する予定です。

④ 地球温暖化が進んでいます。

Ⅰ スマートフォンに天気情報が届きました。
てんき じょうほう とど

明日はどんな天気ですか。
あした てんき

①
［明日の天気］ 3/7（火）

全国：北風強く寒さ戻る

明日にかけて日本海側で雪続く

（　　）

②
［明日の天気］ 3/21（火）

全国：広く晴れ　西〜東日本は日差し暖かい

（　　）

③
［明日の天気］ 4/7（金）

全国：雨　荒れた天気に　激しい雷雨になるところも

（　　）

A　　　　　　　　B　　　　　　　　C

Ⅱ テレビで天気予報を見ています。
てんき よ ほう み

明日はどんな天気ですか。
あした てんき

夕方以降 秋の空気

20℃ 23℃ 27℃ 25℃ 20℃ 18℃ 18℃ 16℃

昼は残暑

夕方から涼しい風

コラム

人名の漢字
じんめい　かんじ

● 名字によく使われる漢字
みょうじ　　つか　　かんじ

日本人の名字に使われている漢字で、一番多いものは何だと思
にほんじん　みょうじ　つか　　かんじ　　いちばんおお　　　　なん　おも
いますか。「田」のつく名前が一番多いそうです。昔からお米を
た　　　なまえ　いちばんおお　　　　むかし　こめ
作っていたからでしょう。
つく

日本人の名前 全国ベスト10	
第1位	佐藤
第2位	鈴木
第3位	高橋
第4位	田中
第5位	渡辺
第6位	伊藤
第7位	中村
第8位	小林
第9位	山本
第10位	加藤

（出典：明治安田生命
全国同姓調査2018）

次に多いのは、「藤」がつく名前で、300種類以上あるそうです。伊藤さん、加藤
つぎ　おお　　　ふじ　　　なまえ　　　　　しゅるいいじょう　　　　　いとう　　　かとう
さんのように、藤原という武士*の名前と地名を組み合わせて名前をつけたと言われて
ふじわら　　ぶし　　なまえ　ちめい　く　あ　　　なまえ
います。

3番目に多いのは「山」のつく名前です。日本には山が多いからだと考えられてい
ばんめ　おお　　　　やま　　　なまえ　　にほん　　やま　おお　　　　かんが
ます。

森林が多いため、「木」や木の種類がつく名字もたくさんあります。
しんりん　おお　　　　き　　き　しゅるい　　みょうじ

*武士 = samurai ／武士／무사
ぶし

EAST

営業本部　営業二課
主任

松本　○○
Matsumoto ******

株式会社 イースト
〒33×-00×× 埼玉県川口市東町 87-201
TEL 048-○○○○-××××
matsumoto@＊＊＊.＊＊＊

🌸 さくら区役所

区民部　国際交流課

課長　杉山　○○
Sugiyama ******

〒16*-00** ***県さくら区中央1-1-1
電話：0*-○○○○-××××
sugiyama@＊＊＊＊.＊＊.＊＊

● 読み方いろいろ、漢字もいろいろ
よ　かた　　　　　かんじ

同じ漢字で書いても、読み方が違う名前もあり
おな　かんじ　か　　　　よ　かた　ちが　なまえ
ます。また、読み方は同じでも、違う漢字を使う
よ　かた　おな　　　　ちが　かんじ　つか
名前もあります。よく確認しましょう。
なまえ　　　　　　　　かくにん

さいとう先生
斉藤？齋？齊
斎藤？

池谷部長
いけたに部長？
いけや部長？

出典・参考：
「日本人の苗字」丹羽基二（光文社）
「ルーツがわかる名字の事典」森岡浩（大月書店）

第2課
だい か

楽しい食事・上手な買い物
たの しょくじ じょうず か もの

第2課 **1**

レストラン・お弁当屋で

● お弁当を買いに行きました。何が書いてありますか。

日替わり弁当 ○○○円

月 火 水 木 金

20XX年7月Debut
並/大盛
麻婆豆腐丼
¥480 税込
辛さ選べる
甘口・中辛・辛口
シビれる辛さが旨い!

新発売!

20XX年7月**Debut**
並/大盛
麻婆豆腐丼
¥480 税込
辛さ選べる
甘口・中辛・辛口 シビれる辛さが旨い!

開封後はお早めに
お召し上がりください

表示価格より
1割引き

平日 昼得
11時〜15時
のり弁当
唐揚げ
弁当

37	替	読み方	か-わる　か-える　タイ
		ことば	日替わり　替える　着替える　両替
		例文	今日の日替わり定食はトンカツだ。／制服に着替える。
38	得	読み方	トク　え-る　う-る
		ことば	得　お買い得　得意
		例文	まとめて買うと、お得です。／私はスポーツが得意だ。
39	価	読み方	カ　あたい
		ことば	価格　物価
		例文	この価格に消費税は含まれていません。／物価が高い。
40	税	読み方	ゼイ
		ことば	税金　税込
		例文	税金を払う。／この値段は税込の値段です。
41	割	読み方	わ-る　わり　わ-れる　さ-く　カツ
		ことば	割引　割れる　割る　割合
		例文	平日は学生割引がある。／お皿が割れてしまった。
42	並	読み方	なみ　なら-べる　なら-ぶ　なら-びに　ヘイ
		ことば	並　並べる　並ぶ
		例文	この店は人気があるのでいつも30分以上並ぶ。
43	辛	読み方	から-い　つら-い　シン
		ことば	辛い　辛口　唐辛子
		例文	私は辛い物が好きだ。
44	甘	読み方	あま-い　あま-える　あま-やかす　カン
		ことば	甘い　甘口
		例文	このケーキは甘すぎます。／子どもに甘口のカレーを作る。
45	召	読み方	め-す　ショウ
		ことば	召し上がる
		例文	このケーキ、よかったら召し上がってください。

ポイント：どっちがいい？
① 【とくい】
A 特意
B 得意

ポイント：どっちがいい？
② A 価　B 佰

ポイント：どういう意味？
③ 💡 リ ＝ 🗡
[　　　　　]

ポイント：共通の読み方は？
④ 💡 召・紹
[　　　　　]

読める	弁当　大盛り
	べんとう　おお も

✏️
❶かえる ＿＿＿＿＿＿　❷とくい ＿＿＿＿＿＿　❸かかく ＿＿＿＿＿格

❹ぜいきん ＿＿＿＿＿　❺われる ＿＿＿＿＿＿　❻ならぶ ＿＿＿＿＿＿

❼からい ＿＿＿＿＿＿　❽あまい ＿＿＿＿＿＿　❾めしあがる ＿＿＿＿＿＿

Ⅰ．AとBのパーツを組み合わせて、＿＿＿＿に入る漢字を作ってください。
　　　　　　　　　　く　あ　　　　　　　　　　はい　かんじ　つく

A | 害　イ　牛　𣎴 | B | 西　寺　日　刂

① 東京の物＿＿＿＿＿は高いと思う。

② 海外旅行へ行くので空港で両＿＿＿＿＿した。
　　　　　　　　　　　　　　　こう

③ この店は学生＿＿＿＿＿引がある。

Ⅱ．Aから1字、Bから1字漢字を選んで、言葉を作ってください。（　　）に読
　　　　　じ　　　　　じかんじ　えら　　　ことば　つく　　　　　　　　　　　よ
　み方も書いてください。
　かた　か

A | 得　日　税　辛 | B | 金　意　口　替

＿＿＿＿＿＿　＿＿＿＿＿＿　＿＿＿＿＿＿　＿＿＿＿＿＿
（　　　　　）（　　　　　）（　　　　　）（　　　　　）

Ⅲ．＿＿＿＿の漢字をひらがなで、ひらがなを漢字で書いてください。
　　　　　　かんじ　　　　　　　　　　　　かんじ　か

① 本日、お買い得！

② 本日中にお召し上がりください。

③ 机にお皿をならべてください。
　つくえ　さら

④ バイト先の制服に着替える。
　　　　　　せい

⑤ 彼はあまい物が苦手です。
　かれ　　　　　　　にが

Ⅰ　カレー屋に行きました。
　　や　　い

① 平日にどんなサービスが
　へいじつ
　ありますか。

_____

② ☆はどういう意味ですか。
　　　　　　　　　　い　み

_____

Ⅱ　牛丼屋でお弁当を買いました。
　　ぎゅうどん や　　べんとう　か

① 普通サイズはいくらですか。
　ふつう

_____

② いつまでに食べますか。
　　　　　　　た

_____

牛丼（並）

取扱方法：お早めにお召し上が
りください。
電子レンジの加熱目安は（1分/
500W）です。

第2課 2
食品パッケージ

I コンビニで商品のパッケージを見ています。どんなことが書いてありますか。

茶 お茶

XX.07.10 / Kナ　　04

賞味期限／製造所固有記号

ヨーグルト

開栓後要冷蔵
開栓後は必ず冷蔵庫に保存
し、お早めにお飲みください。

II グラタンのパッケージを見ています。どんなことが書いてありますか。

えびグラタン

原材料名:
マカロニ、牛乳、えび、鶏肉、小麦粉、
たまねぎ、生クリーム、ナチュラルチーズ

召し上がり方:
電子レンジで温めてください。

500W	600W
6分	4分40秒

46	蔵	読み方	ゾウ　くら
		ことば	冷蔵庫 れいぞうこ
		例文	野菜や肉を冷蔵庫に入れる。 やさい　にく　れいぞうこ　い
47	庫	読み方	コ　ク
		ことば	冷蔵庫　車庫 れいぞうこ　しゃこ
		例文	車庫に車を入れる。 しゃこ　くるま　い
48	賞	読み方	ショウ
		ことば	賞味期限　賞　〜賞　賞金　賞品 しょうみきげん　しょう　しょう　しょうきん　しょうひん
		例文	この卵は賞味期限が切れている。／コンテストで賞をもらう。 たまご　しょうみきげん　き　しょう
49	期	読み方	キ　ゴ
		ことば	期限　期間　定期券 きげん　きかん　ていきけん
		例文	期限を確認する。 きげん　かくにん
50	限	読み方	ゲン　かぎ-る
		ことば	期限　限定　限り　限る きげん　げんてい　かぎ　かぎ
		例文	これは期間限定の商品です。／本日に限り５％引き！ きかんげんてい　しょうひん　ほんじつ　かぎ　びき
51	材	読み方	ザイ
		ことば	材料　原材料 ざいりょう　げんざいりょう
		例文	料理の材料を買いに行く。／国産の原材料を使用しています。 りょうり　ざいりょう　か　い　こくさん　げんざいりょう　しよう
52	麦	読み方	むぎ　バク
		ことば	小麦粉　小麦　麦 こむぎこ　こむぎ　むぎ
		例文	ケーキを作るために小麦粉を買ってきた。 つく　こむぎこ　か
53	乳	読み方	ニュウ　ちち　ち
		ことば	牛乳 ぎゅうにゅう
		例文	毎朝、牛乳を飲む。 まいあさ　ぎゅうにゅう　の
54	秒	読み方	ビョウ
		ことば	〜秒 びょう
		例文	500Wの電子レンジで30秒温めてください。 ワット　でんし　びょう　あたた

ポイント：どうやって覚える？
おぼ

① 💡庫 ☁

ポイント：どっちがいい？

② Ａ 賞　Ｂ 賞

ポイント：どっちがいい？

③【材料】
Ａ さいりょう
Ｂ ざいりょう

✏ ❶れいぞうこ ＿＿＿＿＿＿＿＿＿　❷しょう ＿＿＿＿＿＿＿＿＿

❸きげん ＿＿＿＿＿＿＿＿＿　❹ざいりょう ＿＿＿＿＿＿＿＿＿

❺こむぎ ＿＿＿＿＿＿＿＿＿　❻ぎゅうにゅう ＿＿＿＿＿＿＿＿＿

❼30びょう ＿＿＿＿＿＿＿＿＿

Ⅰ. □にパーツを入れて、文を作ってください。
　　　い　　　　　　　　　ぶん　つく

① a　車  広 に車を入れる。

　 b　安い 広 へ行く。

② a　国 阝 交流のイベントに参加した。

　 b　賞味期 阝 前にお召し上がりください。

Ⅱ. □に漢字を1つ入れて、言葉を作ってください。
　　　　かん じ　い　　　　　　こと ば　つく

①　期 ↗ □　　　　　　　②　賞 ↗ □
　　　　↘ □　　　　　　　　　　↘ □

Ⅲ. ＿＿＿＿の漢字をひらがなで、ひらがなを漢字で書いてください。
　　　　　　かん じ　　　　　　　　　　　　　　　かん じ　か

① 通学の<u>定期券</u>を買った。
　　　　　　　　けん

② ○○選手は100メートルを<u>9秒</u>87というタイムで走った。
　　　　せん

③ 朝7時までにご来店のお客様に<u>限り</u>、コーヒーサービス！
　　　　　　　　　　　きゃくさま

④ パンの<u>原材料</u>は<u>小麦粉</u>、<u>ぎゅうにゅう</u>、バター、卵などです。
　　　　　　　　　　　　　　こ

⑤ この学校の出願<u>きかん</u>は9月1日から9月8日までです。

Ⅰ お惣菜のパッケージを見ています。
　　そうざい　　　　　　　　　　　　　　　み

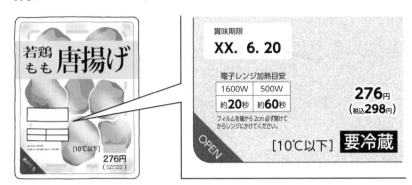

賞味期限
XX. 6. 20

電子レンジ加熱目安
| 1600W | 500W |
| 約20秒 | 約60秒 |

フィルムを端から2cm必ず開けて
からレンジにかけてください。

276円
（税込298円）

OPEN

[10℃以下]

要冷蔵

[10℃以下]

276円
（　　　　）

若鶏
もも 唐揚げ

① このから揚げはいつまでおいしく食べられますか。　　＿＿＿＿＿＿＿＿＿
　　　　　あ　　　　　　　　　　　　　た

② 電子レンジで温めるとき、どのぐらい温めますか。　　＿＿＿＿＿＿＿＿＿
　　でんし　　　　あたた　　　　　　　　　　　あたた

③ すぐに食べないときは、どこに置いておいたらいいですか。　＿＿＿＿＿＿
　　　　た　　　　　　　　　　　お

Ⅱ カップラーメンのパッケージを見ています。
　　　　　　　　　　　　　　　　　　　　　み

Aさん、Bさん、Cさんはアレルギーがあります。

このカップラーメンが食べられる人はどの人ですか。　　＿＿＿＿＿＿＿＿＿
　　　　　　　　　た　　　　　ひと　　　ひと

Aさん

Cさん

Bさん

こく味噌
ラーメン
こく味噌

本品に含まれるアレルギー物質		
小麦	卵	乳
鶏肉	大豆	ごま

オンラインショッピング

Ⅰ 棚を買いたいと思って、ネットショップを見ています。

たくさん商品が出てきました。安い商品から見たいとき、どうしたらいいですか。

Ⅱ いろいろな棚が出てきました。

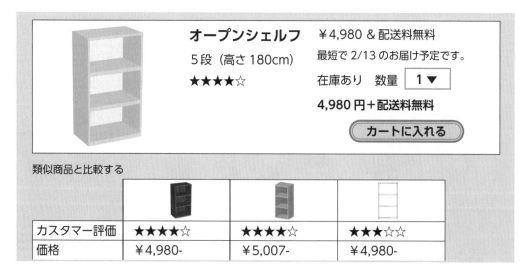

最初に見た商品を買うことにしました。2つ注文したいとき、どうしますか。

55	探	読み方	さが-す　タン　さぐ-る
		ことば	探す
		例文	キーワードから探す。
56	順	読み方	ジュン
		ことば	～順　順番
		例文	日本語の辞書は五十音順になっている。／順番にお呼びします。
57	届	読み方	とど-ける　とど-く
		ことば	届ける　届く
		例文	荷物を届ける。／手紙が届く。
58	数	読み方	スウ　かず　かぞ-える　ス
		ことば	数　数える　数字　数学　数量
		例文	数を数える。／数字の書き方は国によって違う。
59	最	読み方	サイ　もっと-も
		ことば	最～　最近　最初　最後　最も
		例文	最短で明日届きます。／日本で最も多い名字は佐藤です。
60	格	読み方	カク　コウ
		ことば	価格　合格
		例文	これは税込の価格です。／大学に合格した。
61	比	読み方	ヒ　くら-べる
		ことば	比べる　比較
		例文	値段を比べる。
62	較	読み方	カク
		ことば	比較
		例文	売り上げを前年度と比較する。
63	評	読み方	ヒョウ
		ことば	評価
		例文	商品の評価を見る。

ポイント：どういう意味？

① 💡 扌 = [＿＿＿＿＿＿]

ポイント：どっちがいい？

② A 数　B 数

ポイント：共通の読み方は？

③ 💡 格・各 [＿＿＿＿＿＿]

ポイント：どうやって覚える？

④ 💡 比

ポイント：違うのはどれ？

⑤ A 校　B 較　C 交

読める 検索
けんさく

✎ ❶さがす ＿＿＿＿＿＿　　❷じゅんばん ＿＿＿＿＿＿　　❸とどく ＿＿＿＿＿＿

❹かず ＿＿＿＿＿＿　　❺さいきん ＿＿＿＿＿＿　　❻かかく ＿＿＿＿＿＿

❼ひかく ＿＿＿＿＿＿　　❽ひょうか ＿＿＿＿＿＿

Ⅰ. □に漢字を1つ入れて、（　　　）に読み方をひらがなで書いてください。
　　　かんじ　　い　　　　　　　　　　　　　　　よかた　　　　　　　か

① （　　　　　　　　）　　　　　② （　　　　　　　　）

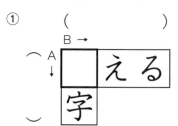 　　　　　　　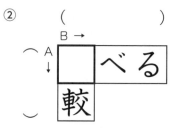

Ⅱ. AとBのパーツを組み合わせて漢字を作ってください。
　　　　　　　く　あ　　　　　かんじ　つく

A | 車　言　木　川 | 　　B | 平　交　各　頁 |

_____　_____　_____　_____

Ⅲ. 同じパーツがある漢字を書いてください。
　　おな　　　　　　　かんじ　か

①  　②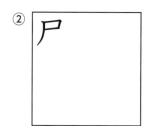

<ヒント>
お□いします
□が痛い
朝、□を洗う
先着□
薬□
パン□
荷物が□く

Ⅳ. _____の漢字をひらがなで、ひらがなを漢字で書いてください。
　　　　　　　かんじ　　　　　　　　　　かんじ　か

① 学校の近くの部屋をさがしています。　② 番号順に並んでください。

③ 妹は数学が得意です。　　　　　　　④ 大学にごうかくしました。

⑤ さいごに塩で味を付けます。
　　　　　　　　　つ

● テーブルを買おうと思って、インターネットを見ています。
　　　　　か　　　おも　　　　　　　　　　　　　み

① この商品を買うとき、いくら払いますか。　＿＿＿＿＿＿＿＿＿＿円
　　　しょうひん　か　　　　　　　　はら　　　　　　　　　　　　　　　　　えん

② 今すぐに注文したら、商品はいつ来ますか。　＿＿＿＿＿＿＿＿＿＿
　　いま　　　ちゅうもん　　しょうひん　　き

③ 注文したいとき、Ⓐ～Ⓒのどのボタンを押しますか。　＿＿＿＿＿＿＿＿
　　ちゅうもん　　　　　　　　　　　　　　　　　　お

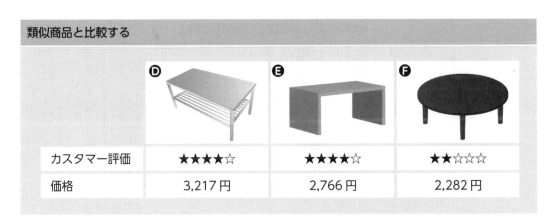

④ もう少し安いのがほしいです。安くていい物は、Ⓓ～Ⓕの中でどのテーブ
　　　すこ　やす　　　　　　　　　　やす　　　　もの　　　　　　　　　なか
ルですか。

　　（　　　　）

荷物を送る・受け取る

● ポストにお知らせが入っていました。これは何ですか。

ご不在連絡票

___○ ○ ○ ○___ 様

☑ 配達　　□ 集荷

___山田真希___ 様から

種別	□ 宅配便　☑ クール(冷蔵・冷凍)　□ 着払
品名	□ 生もの　☑ 食品　□ 衣類　□ 書類 □ その他

お届け日時　6月 10日　15時 00分

再配達受付連絡先

●**担当ドライバー直通**（電話受付8:00〜19:00）

☎ **080** - ＊＊＊＊ - ＊＊＊＊

●**再配達自動受付**（24時間）

携帯ご利用の場合　**0570-08-0000**
固定電話ご利用の場合　**0120-00-0000**

・お届け時間帯は[　]の番号1けたで入力してください。

以後在宅(当日)/希望なし(翌日以降)⇒[0]		
午前中⇒[1]	14〜16時⇒[2]	16〜18時⇒[3]
18〜20時⇒[4]	19〜21時⇒[5]	

64	在	読み方	ザイ　あ-る	
		ことば	不在　在留カード	
		例文	不在連絡票を受け取る。	

65	配	読み方	ハイ　くば-る	
		ことば	配達　心配　配る	
		例文	再配達を頼む。／明日の試験が心配だ。／お土産を配る。	

66	再	読み方	サイ　サ　ふたた-び	
		ことば	再配達　再〜　再来年　再来週	
		例文	再入場はできません。／再来週、帰国する。	

67	凍	読み方	トウ　こお-る　こご-える	
		ことば	冷凍　凍る	
		例文	冷凍食品を買う。／池の水が凍る。	

68	衣	読み方	イ　ころも	
		ことば	衣類　衣食住	
		例文	涼しくなったので、夏の衣類をしまう。	

69	類	読み方	ルイ　たぐい	
		ことば	衣類　書類　分類	
		例文	書類に記入する。／ライオンはネコ科に分類される。	

70	希	読み方	キ	
		ことば	希望	
		例文	進学を希望する。	

71	望	読み方	ボウ　もう　のぞ-む	
		ことば	希望	
		例文	配達希望日時をお知らせください。	

72	翌	読み方	ヨク	
		ことば	翌日　翌〜	
		例文	午前中の注文で翌日にお届けできます。	

❶ふざい ＿＿＿＿＿　　❷はいたつ ＿＿＿＿＿　　❸さい〜 ＿＿＿＿＿

❹こおる ＿＿＿＿＿　　❺いるい ＿＿＿＿＿　　❻きぼう ＿＿＿＿＿

❼よくじつ ＿＿＿＿＿

Ⅰ. □にパーツを入れて、文を作ってください。
い ぶん つく

① a　お　酉　を飲む。

　　b　みんなにお土産を　酉　る。

② a　頁　番に並んでください。

　　b　書　頁　を送る。

Ⅱ. 次の漢字から始まる言葉を書いてください。
つぎ かんじ はじ ことば か

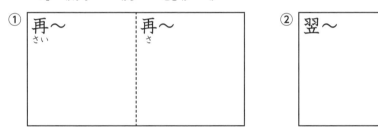

| 再〜　｜　再〜 | 翌〜 |
| さい　　　さ | |

Ⅲ. ＿＿＿＿＿の漢字をひらがなで、ひらがなを漢字で書いてください。
かんじ かんじ か

① 冷凍食品は便利です。

② 資料を分類する。
　 し

③ 日本での就職をきぼうしています。

④ 冬になると、池の水がこおります。

⑤ 両親に心配をかけたくありません。

⑥ 在留カードを作りに区役所へ行った。

⬤ 宅配便を送るために伝票を書いています。
　　たくはいびん　おく　　　　　でんぴょう　か

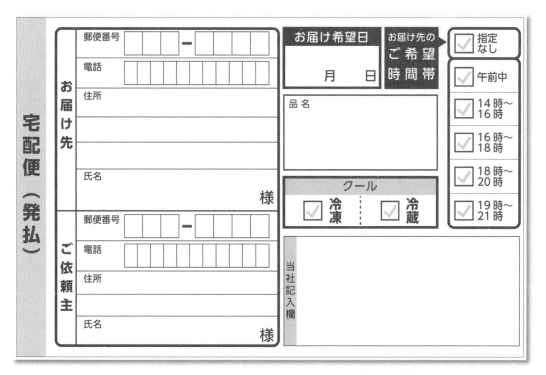

① 荷物を次の日の 12 時までに届けたいです。上の伝票に書いてください。
　　にもつ　つぎ　ひ　　　　じ　　　　　とど　　　　　　うえ　でんぴょう　か

② 「クール」のところを見てください。アイスクリームを送るとき、どちらに
　　　　　　　　　　　　　　み　　　　　　　　　　　　　　　　おく

　　チェックしますか。上の伝票に書いてください。
　　　　　　　　　　　うえ　でんぴょう　か

③ 次の物を送りたいとき、品名は何と書きますか。
　　つぎ　もの　おく　　　　　ひんめい　なん　か

_____　　　　　_____

どんな味？

ドリンクコーナーの飲み物を見て、どれを買おうか迷ったことはありませんか。

味を表す漢字がわかると便利です。皆さんはどれを買いますか。

他にも味を表す漢字があります。どんな味でしょうか。

第3課
だい　　　か

時間を生かす
じかん　　い

第3課 1
だい か
看板・注意書き
かんばん ちゅう い が

Ⅰ 食事をしに来ました。入れるのはどちらのレストランですか。
しょく じ き はい

A

B

Ⅱ レストランの中に入りました。どんな注意がありますか。
なか はい ちゅう い

73	営	読み方	エイ　いとな-む
		ことば	営業　経営　自営業
		例文	営業中。／父はレストランを経営している。
74	準	読み方	ジュン
		ことば	準備
		例文	旅行の準備をする。
75	備	読み方	ビ　そな-える　そな-わる
		ことば	準備　備える
		例文	一人一人が地震に備えることが大切だ。
76	非	読み方	ヒ
		ことば	非常口　非常に　非〜
		例文	非常口はこちらです。／これは非常に珍しい花です。
77	常	読み方	ジョウ　つね　とこ
		ことば	非常口　日常　常に
		例文	ドラマで日常会話を学ぶ。／彼は常に一生懸命だ。
78	故	読み方	コ　ゆえ
		ことば	事故　故障
		例文	渋谷で交通事故があったそうだ。／掃除機が故障した。
79	清	読み方	セイ　ショウ　きよ-い　きよ-まる
		ことば	清掃
		例文	このトイレは、清掃中のため使えません。
80	掃	読み方	ソウ　は-く
		ことば	掃除　清掃　掃く
		例文	部屋の掃除をする。／ほうきで掃く。
81	床	読み方	ゆか　ショウ　とこ
		ことば	床
		例文	床を拭く。

ポイント：どっちがいい？
① A 準　B 準

ポイント：どっちがいい？
② A 備　B 備

ポイント：どっちがいい？
③【日じょう】
A 常　B 堂

ポイント：共通のパーツとその意味は？
④ 清・晴
[　　　　]

ポイント：どっちがいい？
⑤【そう除】
A 掃　B 帰

読める　故障
こしょう

---

❶えいぎょう ＿＿＿＿＿＿＿＿＿＿　❷じゅんび ＿＿＿＿＿＿＿＿＿＿

❸ひじょうぐち ＿＿＿＿＿＿＿＿＿＿　❹じこ ＿＿＿＿＿＿＿＿＿＿

❺せいそう ＿＿＿＿＿＿＿＿＿＿　❻ゆか ＿＿＿＿＿＿＿＿＿＿

Ⅰ. □に同じパーツを入れて、文を作ってください。
　　おな　　　　　　　　　　　い　　　ぶん　つく

① a　朝、 早 く起きると時間を有効に使える。
　　　　　　　　　　　　　　　こう

　 b　パーティーの 準 備をする。

② a　パソコンが 故 障したので、修理を頼んだ。
　　　　　　　　　　　しゅう　たの

　 b　中 □ の車を買いました。

③ a　本日は快 晴 です。
　　　　かい

　 b　このトイレはただいま 氵 掃中です。

Ⅱ. 同じパーツがある漢字を書いてください。
　　おな　　　　　かんじ　か

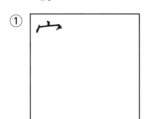　　　　

Ⅲ. ＿＿＿の漢字をひらがなで、ひらがなを漢字で書いてください。
　　　　　　かんじ　　　　　　　　　　　　かんじ　か

① トイレを掃除する。　　　　　　② 地震に備える。
　　　　　　じ

③ 非常に強い台風が近づいている。　④ 父は飲食店を経営しています。
　　　　　　　　　　　　　　　　　　　　　　　　　　けい

⑤ 私はフランス語も簡単なにちじょうかいわ＿＿＿＿＿なら話せます。
　　　　　　　　　　　　かんたん

● 旅行先のホテルに来ました。
　　りょこうさき　　　　　　　き

① 地震が起きて逃げるとき、◆、〇、◪ のどこから逃げますか。
　　じしん　お　　　に　　　　　　　　　　　　　　　　　に

【 ◆ ・ 〇 ・ ◪ 】

◆非常口
〇消火器
◪消火栓

② レストランに来ました。今、22時です。お店に入ることができますか。
　　　　　　　　き　　　いま　　じ　　　　　みせ　はい

【 はい ・ いいえ 】

営業時間

16:00～24:00

L.O.23:00

③ 飲み物を買いに来ました。この自動販売機は今、使えますか
　　の　もの　か　　　き　　　　　じどうはんばいき　いま　つか

【 はい ・ いいえ 】

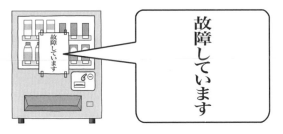

故障しています

④ 温泉の案内を見ています。温泉に入れるのはいつですか。それはどうして
　　おんせん　あんない　み　　　　　おんせん　はい
　ですか。

ひのきの湯

入浴可能時間：　5:30～ 9:30
　　　　　　　　13:00～25:00

（上記以外の時間は清掃のためご利用になれません）

＿＿＿＿＿＿＿＿＿＿＿＿＿＿＿

＿＿＿＿＿＿＿＿＿＿＿＿＿＿＿

第3課 ② 行き方を調べる

● 中野から東京ディズニーランド駅に行くために、アプリでルートを調べています。

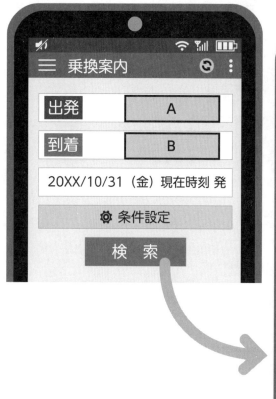

① A 、 B には何を入れますか。

② どうやって行きますか。

82	換	読み方	か-える　か-わる　カン
		ことば	乗り換え　交換　取り換える
		例文	このルートなら乗り換えなしで行ける。／電池を交換する。
83	到	読み方	トウ
		ことば	到着
		例文	電車が到着した。
84	現	読み方	ゲン　あらわ-れる　あらわ-す
		ことば	現在　現金　表現　現代　現れる
		例文	現在、参加申し込み受付中。／言葉では表現できない。
85	刻	読み方	コク　きざ-む
		ことば	時刻　遅刻　刻む
		例文	京都駅の到着時刻は18時です。／授業に遅刻した。
86	快	読み方	カイ　こころよ-い
		ことば	快速　快晴　快い
		例文	快速電車に乗る。／今日は快晴だ。
87	速	読み方	ソク　はや-い　はや-める　はや-まる　すみ-やか
		ことば	速い　快速　速度　早速
		例文	彼は走るのが速い。／光の速度は非常に速い。
88	徒	読み方	ト
		ことば	徒歩　生徒
		例文	このアパートは駅から徒歩10分だ。／この学校は生徒の数が多い。
89	賃	読み方	チン
		ことば	運賃　家賃　賃貸
		例文	電車の運賃が上がった。／家賃を払う。
90	表	読み方	ヒョウ　おもて　あらわ-す　あらわ-れる
		ことば	表　発表　代表　表す　表
		例文	シフト表を見る。／外国語で気持ちを表すのは難しい。

① 💡 忄 = [＿＿＿＿]

ポイント：どっちがいい？

②【弟は歩くのがはやい。】
A 早い
B 速い

ポイント：どっちがいい？

③【家ちん】
A 代貝　B 賃

✏ ❶のりかえ ＿＿＿＿＿＿　❷とうちゃく ＿＿＿＿＿＿　❸げんきん ＿＿＿＿＿＿

❹じこく ＿＿＿＿＿＿　❺かいそく ＿＿＿＿＿＿　❻とほ ＿＿＿＿＿＿

❼うんちん ＿＿＿＿＿＿　❽ひょう ＿＿＿＿＿＿

Ⅰ. □にパーツを入れて、文を作ってください。
い ぶん つく

① a 辶 く歩く。

　 b 友 辶 に会う。

　 c 交流会に申し辶む。

② a 本を 貝 す。

　 b 家 貝 を払う。

　 c ゲームで 貝 品をもらう。

③ a 電車が 刂 着する。

　 b 全品2 刂 引き。

　 c 授業に遅 刂 してしまった。

④ a ○○駅下車 彳 歩5分。

　 b 母は料理が 彳 意だ。

　 c この本はとても 彳 に立つ。

Ⅱ. □に漢字を1つ入れて、言葉を作ってください。
かんじ い ことば つく

①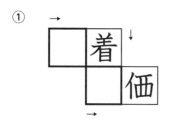

②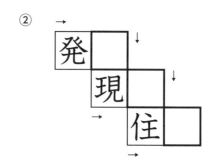

Ⅲ. _____の漢字をひらがなで、ひらがなを漢字で書いてください。
かんじ かんじ か

① 時計の電池を交換する。

② 外国語で自分の気持ちをあらわすのは難しいです。
むずか

③ 折り紙は色がついているほうが表で、白いほうが裏です。
お がみ おもて うら

練習2　やってみよう
れんしゅう

I 江の島へ行くために、ルートを調べています。
　 え しま い　　　　　　　　　　　　　しら

新宿駅を出発して、今日、午前11時に江の島駅に着きたいです。
しんじゅくえき しゅっぱつ　　きょう ごぜん じ え しまえき つ

① 必要なところに駅の名前を
　 ひつよう　　　　　　えき なまえ
　 入れてください。
　 い

② Ⓐ～Ⓔはどれをチェックし
　 ますか。

　　　　　　（　　　）

③ あなたなら、検索の設定を
　　　　　　　　けんさく せってい
　 どうしますか。□□□から
　 選んでください。
　 えら

II 行きたいところへのルートを調べてみましょう。
　 い　　　　　　　　　　　　　　しら

第3課 ❸
だい か

駅で
えき

I 駅のホームにいます。
えき

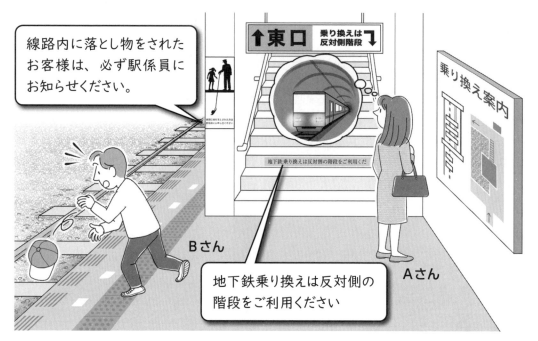

① A さんはどちらに行きますか。

② B さんはどうしたらいいですか。

II 階段を上ると、次の表示がありました。駅を出たいとき、どちらに行きますか。
かいだん のぼ つぎ ひょうじ えき で い

91	鉄	読み方	テツ
		ことば	地下鉄　鉄道　鉄
		例文	鉄道会社で働く。／このフライパンは鉄でできている。
92	階	読み方	カイ
		ことば	～階　～階建て
		例文	10階建てのマンションの3階に住んでいる。
93	段	読み方	ダン
		ことば	階段　値段　手段　段階
		例文	階段を上る。／買う前に値段を見る。
94	反	読み方	ハン　ホン　タン　そ-る　そ-らす
		ことば	反対
		例文	言葉に「非」や「不」などをつけると、反対の意味になる。
95	対	読み方	タイ　ツイ
		ことば	反対　～対～　絶対に
		例文	増税に反対する。／1対0で試合に勝った。
96	路	読み方	ロ　じ
		ことば	線路　道路　通路　路線図
		例文	線路内立ち入り禁止。／新しい高速道路ができた。
97	落	読み方	ラク　お-ちる　お-とす
		ことば	落とす　落ちる　段落　転落　落ち着く
		例文	スマホを線路に落としてしまった。／転落事故があった。
98	改	読み方	カイ　あらた-める　あらた-まる
		ことば	改札　改正　改めて
		例文	駅の改札で待ち合わせをする。／法律を改正する。
99	札	読み方	サツ　ふだ
		ことば	改札　一万円札　名札
		例文	一万円札を両替する。／名札を付ける。

ポイント：どうやって覚える？

① 💡 段 ☁

ポイント：違うのはどれ？

② A 飯　B 反　C 返

ポイント：どっちがいい？

③ A 跲　B 路

ポイント：どっちがいい？

④ A 落　B 落

✏

❶てつ ＿＿＿＿＿＿＿＿＿＿＿＿＿＿　❷かいだん ＿＿＿＿＿＿＿＿＿＿＿＿＿＿

❸はんたい ＿＿＿＿＿＿＿＿＿＿＿＿　❹せんろ ＿＿＿＿＿＿＿＿＿＿＿＿＿＿

❺おちる ＿＿＿＿＿＿＿＿＿＿＿＿＿　❻かいさつ ＿＿＿＿＿＿＿＿＿＿＿＿＿

Ⅰ．A、B、Cのパーツを組み合わせて、＿＿＿＿に入る漢字を作ってください。
く　あ　　　　　　　　　はい　かんじ　つく

A ┌─────────────┐ 　 B ┌─────────────┐ 　 C ┌─────────────┐
　│ 阝　艹　糸 │ 　 　│ 比　几　氵 │ 　 　│ 白　又　各 │
　└─────────────┘ 　 　└─────────────┘ 　 　└─────────────┘

① 財布を＿＿＿＿＿＿＿としてしまった。　　② 50＿＿＿＿＿＿＿建てのビル
さいふ

③ 台風で野菜の値＿＿＿＿＿＿＿が高くなった。
ね

Ⅱ．□に同じパーツを入れて、文を作ってください。
おな　　　　　　　　　い　　　ぶん　つく

① a　朝ご │食│ を食べる。

　 b　その意見には │　│ 対です。

② a　連 │糸│ 先を書いてください。

　 b　通 │足│ に物を置かないでください。
　　　　　　　　お

Ⅲ．＿＿＿＿の漢字をひらがなで、ひらがなを漢字で書いてください。
かんじ　　　　　　　　　　かんじ　か

① 地下鉄に乗り換える。　　　　② 次の試合は絶対勝つ。
　　　　　　　　　　　　　　　　　　　　ぜっ　か

③ この券売機は一万円札が使える。　　④ 名札をつける。
けん　き

⑤ 今晩、日本対ブラジルのサッカーの試合がある。

⑥ この町の交通手段はバスだけだ。

⑦ 段落の最初は1字空ける。

Ⅰ　電車に乗っています。
　でんしゃ　の

　Ⓐ とⒷ、どちらのドアが開きますか。
　　　　　　　　　　　　　　　ひら

各停 | 野川ゆき | 6号車

まもなく **若葉大学前** です

反対側のドアが開きます

（　　　　）

Ⅱ　今、地下鉄を降りました。
　いま　ちかてつ　お

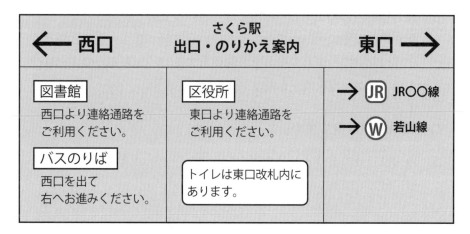

← 西口	さくら駅 出口・のりかえ案内	東口 →
図書館 西口より連絡通路を ご利用ください。 バスのりば 西口を出て 右へお進みください。	区役所 東口より連絡通路を ご利用ください。 トイレは東口改札内に あります。	→ JR JR○○線 → W 若山線

① 図書館へはどうやって行きますか。
　としょかん　　　　　　　　　い

_____

② 外に出てバスに乗りたいです。どうやって行きますか。
　そと　で　　　　の　　　　　　　　　　　　　い

_____

③ トイレはどこにありますか。

_____

● 雑誌「留学ライフ」で先輩の話を読んでいます。どんなことが書いてありますか。

忙しいけれど毎日充実しています！
（じゅうじつ）

2年前に日本へ来ました。日本語学校を卒業して、今はデザインの専門学校で勉強しています。今年の目標は日本語能力試験N1に合格することです。

グェン ティ トゥイさん
（ベトナム）
専門学校1年生

Q：日本の生活はどうですか。

A：最初は本当に大変でした。国とはいろいろなことが違うので、なかなか慣れなくて……。でも、仲のいい友達ができて、何でも話せるようになって、変わりました。勉強もアルバイトもあって、毎日忙しいですが、趣味のジョギングは続けています。

Q：将来の夢は何ですか。

A：将来は自分でデザインした服を売る店を開きたいです。今、そのために経営の勉強もしています。

Q：これから留学する人へメッセージをお願いします！

A：困ったときは、1人で悩まないで、友達や先生に相談してください。楽しい留学生活になりますように！

100	活	読み方	カツ
		ことば	生活 就職活動 活用
		例文	留学生活を楽しむ。／SNSを活用して就職活動をする。
101	忙	読み方	いそが-しい　ボウ
		ことば	忙しい
		例文	来週は忙しくなりそうだ。
102	慣	読み方	カン　な-れる　な-らす
		ことば	慣れる　習慣
		例文	新しい生活に慣れる。／習慣を変えるのは難しい。
103	標	読み方	ヒョウ
		ことば	目標　標準
		例文	目標を立てる。／日本では、玄関のドアの標準的な高さは200cmだ。
104	将	読み方	ショウ
		ことば	将来　主将
		例文	将来は自分の店を開きたい。
105	経	読み方	ケイ　キョウ　へ-る　た-つ*
		ことば	経営　経済　経験　経由
		例文	会社を経営する。／新しい経験をしたい。／香港経由パリ行き。
106	続	読み方	ゾク　つづ-く　つづ-ける
		ことば	続く　続ける　連続　手続き
		例文	雨の日が続いている。／3日連続で寝坊してしまった。
107	相	読み方	ソウ　ショウ　あい
		ことば	相談　相手　首相　＜相撲＞
		例文	友達に相談する。／相手の気持ちを考える。／首相が変わる。
108	談	読み方	ダン
		ことば	相談　体験談　冗談
		例文	体験談を読む。

ポイント：どっちがいい？
① A 慣　B 慣

ポイント：どっちがいい？
② A 経　B 経

ポイント：共通のパーツとその意味は？
③ 続・絡・糸
　[＿＿＿＿＿＿＿＿]

| 読める | 夢 |
| | ゆめ |

❶せいかつ ＿＿＿＿＿＿　　❷いそがしい ＿＿＿＿＿＿　　❸なれる ＿＿＿＿＿＿

❹もくひょう ＿＿＿＿＿＿　　❺しょうらい ＿＿＿＿＿＿　　❻けいけん ＿＿＿＿＿＿

❼つづける ＿＿＿＿＿＿　　❽そうだん ＿＿＿＿＿＿

Ⅰ．□に漢字を1つ入れて、（　　）に読み方をひらがなで書いてください。
　　　　　かんじ　　い　　　　　　　　　　　　　よ　かた　　　　　　　　　　か

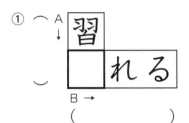

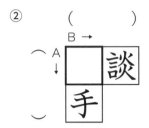

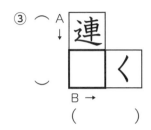

Ⅱ．同じパーツがある漢字を書いてください。
　　おな　　　　　　　　　　かんじ　か

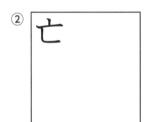

Ⅲ．＿＿＿の漢字をひらがなで、ひらがなを漢字で書いてください。
　　　　　　　かんじ　　　　　　　　　　　　　　　　　　かんじ　か

① 就職かつどうをする。

② 新しい首相が決まった。
　　　　　　き

③ もくひょうを立てる。

④ ビザ更新の手続きをする。
　　　　　こう

⑤ この辺りの標準的な家賃は5万円〜6万円だ。
　　　　　　　　てき

⑥ しょうらいの夢は何ですか。

Ⅳ．文を作ってください。
　　ぶん　つく

今年の目標は＿＿＿＿＿＿＿＿＿＿＿＿＿＿＿＿＿＿＿＿＿＿＿＿＿。

● 留学雑誌からアンケートを頼まれました。
りゅうがくざっし　　　　　　　　たの

アンケートに答えましょう。
こた

読者アンケート

1：日本の生活はどうですか。

2：将来の夢は何ですか。

3：これから留学する人にメッセージをお願いします！

お店の名前
みせ　なまえ

　お店の名前を見て、何のお店だろうと困った経験はありませんか。店の名前には料理名が入っていることがあります。その漢字がわかれば、何のお店かわかります。たとえば、「さくら寿司（鮨）」「串焼けんすけ」「蕎麦とみた」「麺屋なかの」「鍋たろう」「本多珈琲」などがあります。「麺」は、ラーメン、うどん、パスタなどさまざまです。

　その他にも、和食の定食が食べられるお店は「お食事処」、甘い物、特に和菓子が食べられるところは「甘味処」と書かれているところもあります。

　また、お店の名前には「屋」「家」「堂」「軒」「亭」「庵」などがよく使われています。

　特に「屋」は昔から使われていて、歴史が長い店も多いです。では、「〜家」と聞いてどういう店を思い浮かべますか。牛丼やラーメンでしょうか。

　みなさんがよく行くお店は何というお店ですか？

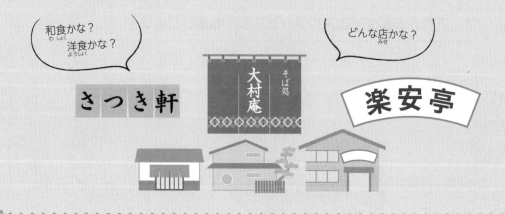

第4課

<ruby>第<rt>だい</rt></ruby>4<ruby>課<rt>か</rt></ruby>

地域を知って生活する

<ruby>地域<rt>ちいき</rt></ruby>を<ruby>知<rt>し</rt></ruby>って<ruby>生活<rt>せいかつ</rt></ruby>する

受付

第4課 ①

銀行

Ⅰ 銀行口座を作りました。これは何ですか。中に何が書いてありますか。

パク ユナ 様

店番号　333　　普通預金口座番号　1234567

みどり銀行（銀行コード 0022）

　　お取引店　　中野支店

Ⅱ ATMでお金を下ろしたいです。この画面が出たとき、どうしますか。

①

いらっしゃいませ　　　　　　　　　English

ご希望のお取り引きを押してください。　取消

お預け入れ　　　　お引き出し

通帳記帳　　　　　残高照会

お振り込み　　　　暗証番号変更

②

金額をご入力ください。

取消

7	8	9	万
4	5	6	千
1	2	3	
0			円

訂正

③

よろしければ、確認を押してください。

取消

20,000 円

7	8	9	万
4	5	6	千
1	2	3	
0			円

確認　　　訂正

Ⅲ ATMに注意が書いてありました。どういう意味ですか。

！硬貨は使用できません！

109	様	読み方	ヨウ　さま
		ことば	～様　様子
		例文	山田真紀様。／ルームメイトが疲れた様子で帰ってきた。

110	普	読み方	フ
		ことば	普通　普通預金　普段
		例文	普通預金の口座を作る。／普段、お昼ご飯はお弁当だ。

111	預	読み方	ヨ　あず-ける　あず-かる
		ことば	預金　預ける　預かる
		例文	普通預金。／ホテルに荷物を預ける。

112	支	読み方	シ　ささ-える
		ことば	支店　支払う　支える
		例文	さくら銀行東中野支店。／受験料を支払う。

113	額	読み方	ガク　ひたい
		ことば	金額　半額　全額　月額
		例文	金額を確かめる。／交通費は全額支給される。

114	確	読み方	カク　たし-か　たし-かめる
		ことば	確認　正確　確か　確かめる
		例文	予定を確認する。／正確に時間を計る。／確か学割があるはずだ。

115	認	読み方	ニン　みと-める
		ことば	確認　認める
		例文	息子の留学を認める。

116	硬	読み方	コウ　かた-い
		ことば	硬貨　硬い
		例文	ここでは硬貨をご利用になれません。／このボールは硬い。

117	貨	読み方	カ
		ことば	硬貨　通貨　貨物　雑貨
		例文	日本の通貨は円だ。

読める	通帳　振込　口座

✏️ ❶～さま ＿＿＿＿＿　❷ふつう ＿＿＿＿＿　❸あずける ＿＿＿＿＿

❹しはらう ＿＿＿＿＿　❺きんがく ＿＿＿＿＿　❻かくにん ＿＿＿＿＿

❼かたい ＿＿＿＿＿　❽こうか ＿＿＿＿＿

Ⅰ. □に同じパーツを入れて、文を作ってください。
　 おな　　い　　　ぶん　つく

① a　日本語能力 試 験を受ける予定です。
　　　　　のう　　　　　　　う

　 b　進学について、先生に相 炎 します。

　 c　忘れ物がないかどうか確 忍 します。

② a　大学の 原 書を書きます。　　　b　明日までに宿 是 を出します。

　 c　普通 予 金の口座を作ります。

③ a　お客様におつりを渡すときはしっかり 寉 かめるようにしてください。
　　　きゃくさま

　 b　［ATMで］ 更 貨はこちらにお入れください。

Ⅱ. □に漢字を1つ入れて、言葉を作ってください。
　 かんじ　い　　　ことば　つく

① □ ↘ 額 □ ↗

② □ ↗ 店 ↘ 社

Ⅲ. ＿＿＿＿の漢字をひらがなで、ひらがなを漢字で書いてください。
　　　　　　かんじ　　　　　　　　　　かんじ　か

① 重さを正確に量る。
　　　　　　　 はか

② 普段、平日は7時に起きる。

③ 彼は今日、いつもとようすが違う。
　　かれ　　　　　　　　　　　ちが

④ 両親は一人暮らしを認めてくれた。
　　　　　　　　　　　　　 みと

Ⅰ　銀行に来ました。
　　ぎんこう　き

次のとき、Ⓐ～Ⓕのどのボタンを押しますか。
つぎ　　　　　　　　　　　　　　お

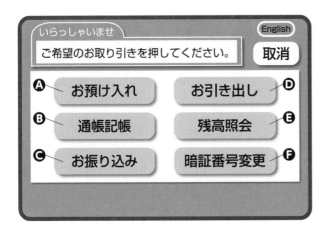

① 自分の口座にお金を入れ
　じぶん　こうざ　　かね　い
たいです。

（　　　）

② お金を下ろしたいです。
　かね　お

（　　　）

③ 家賃を払いたいです。
　やちん　はら

（　　　）

Ⅱ　アルバイトを始めました。給料の振込先の口座を会社に知らせます。
　　　　　　　　はじ　　　　きゅうりょう　ふりこみさき　こうざ　かいしゃ　し

どこに何を書きますか。
　なに　か

口座振込申請書				年　　　月　　　日		

給与の口座振込に同意し、口座振込の取り扱いについて、次のとおり申請します。

［給与振込口座指定］

金融機関コード				支店コード		
銀行						支店
普通口座番号						
氏　　　　名	フリガナ 漢　　字					

⬤ **どこに何を書きますか。**
なに か

東西国際ビジネスカレッジ
学校長 殿

奨学金申請書

記入日：　　　　　年　　　月　　　日

フ リ ガ ナ		国籍	
氏　　　名	姓　　　　　　　　　名		
生 年 月 日	西暦　　　　年　　　月　　　日生	年齢　　　　歳	性別
現 住 所	〒　　　－ 　　　　都道 　　　　府県		
電 話 番 号	（　　　）　　　　－		
パスポート番　　号		現 在 の在 留 資 格	
在 留 資 格有 効 期 限	年　　　月　　　日	在留カード番　　　号	

118	記	読み方	キ しる-す
		ことば	記入 日記 記事
		例文	願書を書く前に記入例をよく見てください。
119	姓	読み方	セイ ショウ
		ことば	姓 姓名
		例文	日本で一番多い姓は「佐藤」です。
120	齢	読み方	レイ
		ことば	年齢 高齢者
		例文	年齢を記入する。／高齢者が増加している。
121	歳	読み方	サイ セイ
		ことば	～歳 ＜二十歳＞
		例文	私は来月21歳になります。
122	性	読み方	セイ ショウ
		ことば	性別 男性 女性 性格 ～性
		例文	右が男性用で、左が女性用です。／彼は優しい性格だ。
123	府	読み方	フ
		ことば	～府 都道府県
		例文	住所は、大阪府池田市西本町１-×-×です。
124	番	読み方	バン
		ことば	電話番号 番号 順番 交番
		例文	電話番号が変わったときはすぐに教えてください。
125	号	読み方	ゴウ
		ことば	電話番号 番号 記号
		例文	パスワードには数字と記号を入れてください。
126	殿	読み方	どの テン デン との
		ことば	～殿
		例文	＜公用文＞○○株式会社 人事部長殿

ポイント：どうやって覚える？
① 💡 齢

ポイント：どっちがいい？
② 【せい別】
A 性 B 姓

ポイント：どっちがいい？
③ A 番 B 畨

❶きにゅう ＿＿＿＿＿＿＿＿＿＿＿＿＿ ❷せいめい ＿＿＿＿＿＿＿＿＿＿＿＿＿

❸ねんれい ＿＿＿＿＿＿＿＿＿＿＿＿＿ ❹21さい ＿＿＿＿＿＿＿＿＿＿＿＿＿

❺だんせい ＿＿＿＿＿＿＿＿＿＿＿＿＿ ❻京都ふ ＿＿＿＿＿＿＿＿＿＿＿＿＿

❼ばんごう ＿＿＿＿＿＿＿＿＿＿＿＿＿ ❽～どの ＿＿＿＿＿＿＿＿＿＿＿＿＿

I. □にパーツを入れて、文を作ってください。
　　　　　　　　い　　　　　　ぶん　つく

① ここに | 生 |名と | 生 |別を書いてください。

② a　牛肉は | 令 |蔵しておいてください。

　　b　田中さんには中学生の年 | 令 |のお子さんがいます。

③ a　日本には47の都道 | 广 |県があります。

　　b　冷蔵 | 广 |に食べ物が何も入っていません。

II. Aから1字、Bから1字漢字を選んで、言葉を作ってください。（　　）に読
　　　じ　　　　じかんじ　えら　　　　　ことば　つく　　　　　　　　　　　　　よ
み方も書いてください。
　かた　か

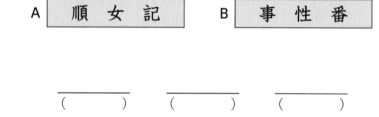

A　| 順　女　記 |　　　　　B　| 事　性　番 |

_____　　_____　　_____
（　　　　）　（　　　　）　　（　　　　）

III. _____の漢字をひらがなで、ひらがなを漢字で書いてください。
　　　　　　　かんじ　　　　　　　　　　　　　　　　かんじ　か

① 交番に落とし物を届ける。

② 毎日、日記をつけている。

③ 彼はかっこよくてせいかくがいいので、人気がある。
　　かれ

④ 下のa～eの中から最もいいものを選んで記号で答えてください。
　　　　　　　　　　　　　　　えら

⑤ 特に、高齢者の方は熱中症に注意してください。
　　　　　　　　　　ねっちゅうしょう

● 書いてみましょう。
　　か

本人の写真	東西 IT ＆ビジネス専門学校

入学申込書

20　　年　　月　　日

氏　　名	ふりがな	生 年 月 日
		西暦　　　年　　　月　　　日 (満　　歳)
現 住 所	ふりがな 〒　　　－	電 話 番 号 （　　）　　－
最終学歴	（校名）	年　　月 卒業/卒業見込
主な職歴		年　　月～　　年　　月
保護者の 氏　　名	ふりがな	年 齢 / 続 柄 歳
保護者の 住　　所	ふりがな 〒　　　－	電 話 番 号 （　　）　　－

志望動機（詳しく記入すること）

_____
_____
_____

将来の計画

_____
_____
_____

教務の記録　＊この欄には記入しないこと

申込受付	入学考査	考査通知

第4課 ❸
だい　　か

料金を支払う
りょうきん　　しはら

次の書類が届きました。これは何ですか。何が書いてありますか。
つぎ　しょるい　とど　　　　　　　　　なん　　　　なに　か

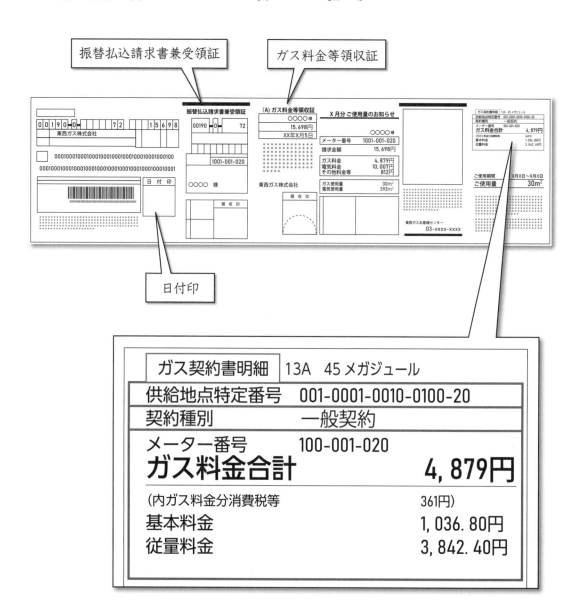

振替払込請求書兼受領証

ガス料金等領収証

日付印

ガス契約書明細	13A　45 メガジュール	
供給地点特定番号	001-0001-0010-0100-20	
契約種別	一般契約	
メーター番号	100-001-020	
ガス料金合計		**4,879円**
（内ガス料金分消費税等	361円）	
基本料金	1,036.80円	
従量料金	3,842.40円	

127	払	読み方	はら-う　フツ
		ことば	払う　支払い　払込用紙
		例文	現金で払う。／この払込用紙はコンビニで使えます。
128	領	読み方	リョウ
		ことば	領収書／証　受領書／証　大統領
		例文	領収書をもらう。
129	収	読み方	シュウ　おさ-める　おさ-まる
		ことば	収入　回収　収める
		例文	今月は収入が多かった。／今日は資源ごみの回収日だ。
130	受	読み方	ジュ　う-ける　う-かる
		ことば	受ける　受け取る　受験　受かる　受付
		例文	試験を受ける。／荷物を受け取る。／大学を受験する。
131	印	読み方	イン　しるし
		ことば	～印　印刷　印象
		例文	日付印を押す。／書類を印刷する。／印をつける。
132	細	読み方	サイ　ほそ-い　こま-かい　ほそ-る　こま-か
		ことば	明細　細い　細かい
		例文	カードの明細を確認する。／細い道を通る。／細かい字で書く。
133	基	読み方	キ　もと　もとい
		ことば	基本　基準
		例文	基本を学ぶ。／行きたい大学の合格基準点を調べる。
134	費	読み方	ヒ　つい-やす　つい-える
		ことば	～費　学費　費用　消費税　消費　費やす
		例文	学費を払う。／生活にかかる費用を計算する。／消費税が上がる。
135	等	読み方	トウ　ひと-しい　など*
		ことば	～等／～等　等しい
		例文	学生証等の身分証明書を持参。／この2つの図形の面積は等しい。

ポイント：違うのはどれ？

① A領　B冷　C齢

ポイント：どっちがいい？

② A収　B収

ポイント：共通の読み方は？

③ 💡 基・期　[　　　]

ポイント：どうやって覚える？

④ 💡 費

読める　請求
　　　　　せいきゅう

✎
❶はらう ＿＿＿＿＿＿＿　❷りょうしゅうしょ ＿＿＿＿＿＿＿＿＿＿＿＿＿＿

❸うける ＿＿＿＿＿＿　❹～いん ＿＿＿＿＿＿　❺ほそい ＿＿＿＿＿＿

❻きほん ＿＿＿＿＿＿　❼ひよう ＿＿＿＿＿＿　❽～など ＿＿＿＿＿＿

Ⅰ. □に漢字を1つ入れて、（　）に読み方をひらがなで書いてください。
かんじ い よ かた か

① （　　　　　　　　　）　　　　　② （　　　　　　　　　　　）

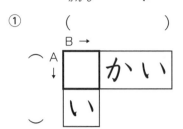

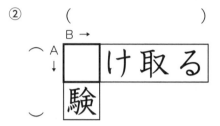

Ⅱ. ①〜④の漢字と一緒に使える言葉はどれですか。
かんじ いっしょ つか ことば

A 電気　B 交通　C 送　D 家　E 食事　F 食　G 生活　H 入園

① ～費

② ～賃

③ ～代

④ ～料

Ⅲ. ＿＿＿の漢字をひらがなで、ひらがなを漢字で書いてください。
かんじ かんじ か

① これは消費税込みの価格です。

② アンケートを回収する。

③ 新しい言葉に印をつける。

④ 給与めいさいを確認する。

⑤ 今月はしゅうにゅうより支出が多かった。

⑥ この試験の合格基準は70%です。

⑦ 優勝賞金を等しく分ける。
ゆうしょう

I スマホで今月の携帯電話の利用料金を見ています。
こんげつ　けいたいでんわ　りようりょうきん　み

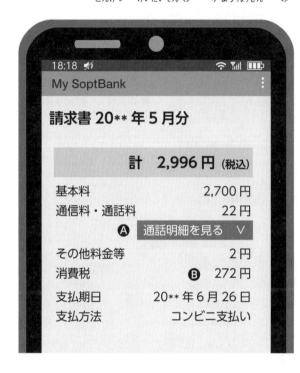

① 毎月電話を使わなくてもかか
まいつきでんわ　つか
る料金はいくらですか。
りょうきん

_____

② Ⓐを押すと何がわかりますか。
お　　なに

_____

③ Ⓑは何の料金ですか。
なん　りょうきん

_____

④ 6月26日までに何をしますか。
がつ　にち　　なに

_____

II コンビニで働いています。お客様が水道料金を払いに来ました。
はたら　　きゃくさま　すいどうりょうきん　はら　き

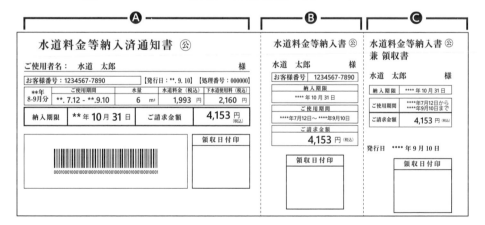

① お金を受け取ったというスタンプはどこに押しますか。スタンプを押すと
かね　う　と　　　　　　　　　　　　　　　　　　お　　　　　　　　　　　　お
ころに☆を書いてください。
か

② お客さんに渡すのはⒶ～Ⓒのどれですか。　（　　　　）
きゃく　わた

図書館を利用する

I 図書館の館内図を見ています。どんな本がありますか。

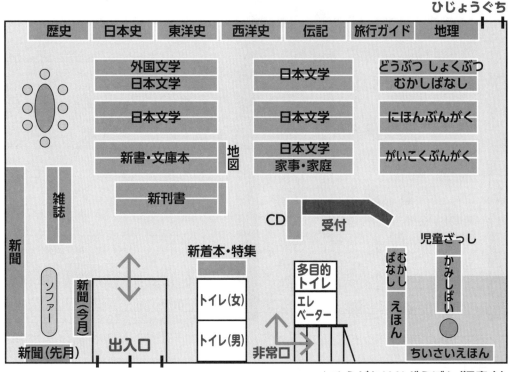

★ひらがなはじどうぼん（児童本）

II 利用案内を読んでいます。どんなことが書いてありますか。

利用者の皆様へ

- 必ず利用者登録をお願いします。
- ご本人が来館の上、図書館受付カウンターで登録してください。
- 図書の貸出期間をお守りください。
  <u>返却期限日を過ぎた図書が1冊でもある場合は、新たな貸出ができなくなります。</u>

136	付	読み方	フ　つ-ける　つ-く
		ことば	受付　付ける　片付ける　付く　気付く　付近
		例文	受付でカードを作る。／名札を付ける。／部屋を片付ける。
137	必	読み方	ヒツ　かなら-ず
		ことば	必ず　必要　必着
		例文	休むときは必ず連絡してください。／必要な書類を準備する。
138	過	読み方	カ　す-ぎる　す-ごす
		ことば	過ぎる　過ごす　過去　通過
		例文	日本へ来て1年が過ぎた。／過去を振り返る。／電車が通過する。
139	雑	読み方	ザツ　ゾウ
		ことば	雑誌　複雑
		例文	ファッション雑誌を買う。／ビザ申請の手続きは複雑だ。
140	誌	読み方	シ
		ことば	雑誌　日誌
		例文	日誌を書く。
141	刊	読み方	カン
		ことば	新刊　朝刊　週刊誌
		例文	新刊が出る。／コンビニで朝刊を買う。
142	児	読み方	ジ　ニ
		ことば	児童　小児科
		例文	この図書館は児童向けの本が多い。
143	童	読み方	ドウ　わらべ
		ことば	児童
		例文	外国人児童はこれからも増えていくだろう。
144	庭	読み方	テイ　にわ
		ことば	家庭　校庭　庭
		例文	この料理は家庭でも作れる。／校庭で遊ぶ。／庭に花を植える。

ポイント：共通の読み方は？

① 💡 付・府

[　　　　　　]

ポイント：どれがいい？

② A 必　B 必

C 必

ポイント：どっちがいい？

③【かならず】
A 必ず
B 必らず

ポイント：どっちがいい？

④ A 刊　B 刋

ポイント：どっちがいい？

⑤ A 児　B 児

読める	登録
	とうろく

❶つく ＿＿＿＿＿　　❷かならず ＿＿＿＿＿　　❸すぎる ＿＿＿＿＿

❹ざっし ＿＿＿＿＿　　❺しんかん ＿＿＿＿＿　　❻じどう ＿＿＿＿＿

❼にわ ＿＿＿＿＿

Ⅰ．□に漢字を1つ入れて、（　　）に読み方をひらがなで書いてください。
　　　　かんじ　　い　　　　　　　　　　　　　　　よ　かた　　　　　　　　か

① 　　　（　　　　　）　　　　　　　② 　　　（　　　　　　　）

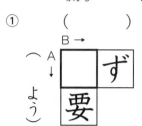　　　　　　　　　　　　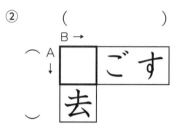

Ⅱ．□にパーツを入れて、文を作ってください。
　　　い　　　　　　　　　　　ぶん　つく

① a　言葉の意味を 言 べます。
　　　　ば

　 b　アルバイトの雑 言 を見て、店に電話しました。

　 c　この商品は買った人の 言 価が高いです。

② a　冷蔵 广 でビールを冷やします。

　 b　家 广 で簡単に作れる料理を教えてください。
　　　　　　　　かんたん

　 c　部屋の 广 をきれいに拭きました。
　　　　　　　　　　　　　　　ふ

Ⅲ．＿＿＿＿の漢字をひらがなで、ひらがなを漢字で書いてください。
　　　　　　　かんじ　　　　　　　　　　　　　　かんじ　か

① 図書館のうけつけで、利用の登録をしました。

② 10日必着で書類を送る。　　　　③ 友達が来るので、部屋を片付けました。
　　　　　　　　　　　　　　　　　　　　　　　　　　　　　　　　かた

④ 空港付近のホテルを探す。
　　こう

⑤ 毎朝コンビニで朝刊を買ってから会社へ行きます。

● 「図書館からのお知らせ」を見ています。
　　としょかん　　し　　み

図書館からのお知らせ

新刊

Ⓐ『野菜作りを楽しむ本』
　　　　　（谷原まこと 著）

野菜作りを楽しむ本

ご家庭でおいしい野菜を作り
たいという方におすすめです。

おすすめの本

【一般】
Ⓑ 月刊『トリップル』

今月も旅行を楽しむヒントがいっぱい！
人気の雑誌です。

【児童】
Ⓒ『しろくまさんのプレゼント』
　　　　　（きむらまり 著）

しろくまさん

明日はしろくまさんの誕生日。
心のやさしい動物たちのお話
です。

行事予定
「おはなしの会」

［日時］11月24日（日）
　　　　14：00 ～ 15：30

［場所］中野図書館2階　会議室

［対象］小学生以上

［今月の図書］
　　　『たぬきの大冒険』

※参加ご希望の方は必ず11月15日（金）
　までに図書館の受付で
　申し込んでください。

　（15日を過ぎますと、
　受け付けできません）

① 最近発売された本はⒶ～Ⓒのどれですか。　（　　　）
　さいきんはっぱい　　　　　ほん

　その本はどんな人におすすめですか。　＿＿＿＿＿＿＿＿＿＿
　　ほん　　　　ひと

② 子どもたちにおすすめの本はⒶ～Ⓒのどれですか。　（　　　）
　こ　　　　　　　　　　　ほん

③『トリップル』はどんな本ですか。　＿＿＿＿＿＿＿＿＿＿＿
　　　　　　　　　　　ほん

④「おはなしの会」に参加したい人はどうしたらいいですか。
　　　　　　かい　さんか　ひと

＿＿＿＿＿＿＿＿＿＿＿＿＿＿＿＿＿＿＿＿＿＿＿＿＿＿＿＿＿＿

楽しく覚えよう２
たの　　　おぼ
―読み方を表すパーツ―
よ　かた　あらわ

● 読み方のパーツは何かな？
よ　かた　　　　なに

□にパーツ、（　　）にパーツの読み方を書きましょう。
よ　かた　か

例
れい
晴 清
青
（ せい ）

①
花 貨
□
（　　　）

②
軽 経
□
（　　　）

③
洋 様
□
（　　　）

④
期 基
□
（　　　）

● ＿＿＿の読み方が違うのはどれ？
よ　かた　ちが

① A　各地　　　　B　合格　　　　C　連絡

② A　冷蔵庫　　　B　領収書　　　C　年齢

③ A　交通　　　　B　学校　　　　C　比較

Q 読めるかな？
よ

①結婚式に招待された。　［ヒント：紹介］

②モーツァルトは18世紀の作曲家だ。　［ヒント：記入］

第5課
だい　か

緊急事態！
きんきゅう じ たい

⚫ どんなニュースですか。どうしたらいいですか。

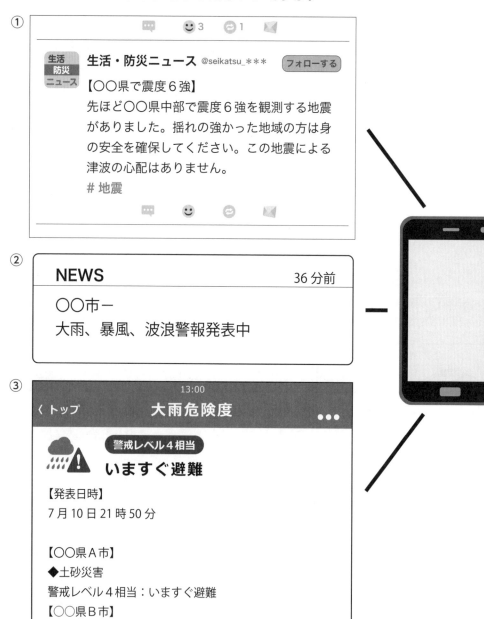

① 💬 😊3 🔄1 ✉

| 生活 防災 ニュース | **生活・防災ニュース** @seikatsu_*** | フォローする |

【○○県で震度6強】
先ほど○○県中部で震度6強を観測する地震
がありました。揺れの強かった地域の方は身
の安全を確保してください。この地震による
津波の心配はありません。
地震

💬 😊 🔄 ✉

② **NEWS**   36分前

○○市ー
大雨、暴風、波浪警報発表中

③   13:00
‹ トップ   **大雨危険度**   •••

🌧⚠ 警戒レベル4相当
いますぐ避難

【発表日時】
7月10日21時50分

【○○県A市】
◆土砂災害
警戒レベル4相当：いますぐ避難
【○○県B市】
◆河川洪水
警戒レベル3相当：高齢者など避難

避難情報や危険なエリアをマップで確認し、
いますぐ避難が必要か判断してください。

145 難	読み方	ナン　むずか-しい　かた-い	
	ことば	難しい　避難	
	例文	今日のテストは難しかった。／すぐに避難してください。	
146 危	読み方	キ　あぶ-ない　あや-うい　あや-ぶむ	
	ことば	危ない　危険	
	例文	危ないですから、線路には近づかないでください。	
147 険	読み方	ケン　けわ-しい	
	ことば	危険	
	例文	危険につき立ち入り禁止。	
148 身	読み方	シン　み	
	ことば	身　身長　出身	
	例文	身の安全を確保する。／身長が伸びた。／彼は石川県出身だ。	
149 震	読み方	シン　ふる-える　ふる-う	
	ことば	地震　震度　震える　震災	
	例文	昨日、震度5の大きな地震があった。／緊張で足が震える。	
150 波	読み方	なみ　ハ	
	ことば	波　津波　電波	
	例文	今日は波が高い。／津波が発生するおそれがあります。	
151 河	読み方	カ　かわ	
	ことば	河川　河	
	例文	河川が氾濫するおそれがあります。	
152 暴	読み方	ボウ　バク　あば-く　あば-れる	
	ことば	暴風　暴れる	
	例文	大雨、暴風に注意してください。	
153 害	読み方	ガイ	
	ことば	災害　有害　被害	
	例文	世界各地で自然災害が起きている。／この物質は人体に有害だ。	

ポイント：どっちがいい？
① A 難　B 難

ポイント：どっちがいい？
②【あぶない】
A 危ない
B 危い

ポイント：どういう意味？
③ 阝 ＝ [　　　]

ポイント：どっちがいい？
④ A 波　B 波

ポイント：どっちがいい？
⑤ A 暴　B 暴

読める	津波　避難　警報　災害
	つなみ　ひなん　けいほう　さいがい

❶むずかしい ＿＿＿＿＿　❷きけん ＿＿＿＿＿　❸しゅっしん ＿＿＿＿＿

❹じしん ＿＿＿＿＿　❺なみ ＿＿＿＿＿　❻かわ ＿＿＿＿＿

❼ぼうふう ＿＿＿＿＿　❽さいがい 災＿＿＿＿＿

Ⅰ. □に漢字を1つ入れて、（　）に読み方をひらがなで書いてください。
　　　かんじ　い　　　　　　　　　　　　　よ　かた　　　　か

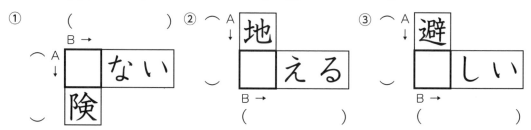

① （　　　　　　　）　② ＾A　地　　　③ ＾A　避
　　　　　　B →　　　　　　↓　　　　　　　　　↓
　　　＾A　□　ない　　　　　　□　える　　　　　□　しい
　　　↓　　　　　　　　＿　　　　　　　　＿
　　　＿　険　　　　　　　B →　　　　　　　B →
　　　　　　　　　　　　（　　　　　）　　（　　　　　　）

Ⅱ. ▭の漢字を2つのグループに分けてください。
　　　かんじ　　　　　　　　わ

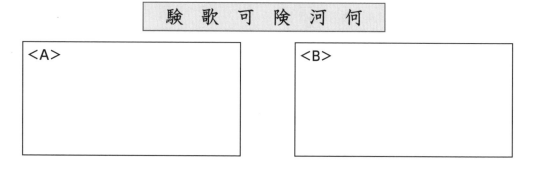

験　歌　可　険　河　何

<A>	<B>

Ⅲ. _____ の漢字をひらがなで書いてください。
　　　　　　かんじ　　　　　　か

① 昨日の夜、震度5の大きな地震がありました。

② 津波のおそれがあります。高いところに避難してください。

③ 電池等は有害ごみの日に出してください。

④ 災害のときは、身の安全を第一に考えてください。
　　　　　　　　　　　　　　　だい

⑤ 身長を測る。
　　　　はか

⑥ 暴風警報が出ています。

⑦ 河川が増水するおそれがあります。

● スマートフォンに通知が届きました。
　　　　　　　　　つうち　とど

① どんなニュースですか。

_____

⚠ 緊急速報　　　　　　　　　　×

緊急速報
○○○○○で地震発生
強い揺れに備えてください（気象庁）

② 正しいのはどちらですか。
　ただ

⚠ 緊急速報　　　　　　　　　　×

避難情報・高齢者等避難開始
○○市災害警戒本部よりお知らせします。
台風 21 号の接近に伴い、土砂災害の危険
性が高まるおそれがあることから、本日
14 時 30 分、○○市内の土砂災害警戒区域に
避難準備・高齢者等避難開始を発令しまし
た。避難に時間がかかる方は、避難を始め
てください。その他の方については、いつ
でも避難ができるよう準備をしてください。
（○○市危機管理室）

A　お年寄りは今すぐ安全な所へ行く
　　としよ　いま　あんぜん　ところ　い
B　市内に住んでいる人は今すぐ全員安全な所へ行く
　　しない　す　　　ひと　いま　ぜんいんあんぜん　ところ　い

　　　　　　　　　　　　　　　　　　（　　　）

だい か

いざというときのために

🔵 災害に備えるためにどんなことをしたらいいか、

さいがい そな

情報を集めています。何をしたらいいですか。

じょうほう あつ なに

今、準備しよう！
災害から身を守る４つの備え

① 何が必要？

保存食や保存水などを準備しましょう。

非常用持ち出し袋を用意する
➡ Ｘページ

② どの道を通る？

避難経路を調べて、事前に歩いてみましょう。

避難先を確認する
➡ Ｘページ

③ 室内は安全？

棚など大きな家具が倒れないようにしましょう。物を通路に置かないことも大切です。

家具転倒防止のポイント
➡ Ｘページ

④ みんなと話している？

どうやって安否確認をするか、家族や友達と相談しておきましょう。町の防災訓練に参加しましょう。

災害用伝言ダイヤルについて
➡ Ｘページ

	読み方	ボウ　ふせ-ぐ
防	ことば	防災　防止　予防　防ぐ
	例文	防災用品を買う。／駅のホームに転落防止のドアが付けられた。

ポイント：どっちがいい？
①【予防】
A よほう
B よぼう

	読み方	ス　まも-る　シュ　もり
守	ことば	守る　留守
	例文	身の安全を守る。／大家さんは今は留守のようだ。

155

	読み方	ホ　たも-つ
保	ことば	保存　保証人　保険証
	例文	写真をパソコンに保存する。／家を借りるには保証人が必要だ。

156

	読み方	ソン　ゾン
存	ことば	保存　存在　ご存知
	例文	UFOの存在を信じる人もいる。／原さんをご存知ですか。

157

ポイント：どっちがいい？
②【存在】
A ぞんざい
B そんざい

	読み方	トウ　たお-れる　たお-す
倒	ことば	倒れる　倒す　転倒
	例文	棚が倒れた。／家具の転倒を防止するため、器具を付けた。

158

ポイント：共通の読み方は？
③ 倒・到
[＿＿＿＿＿＿＿]

	読み方	デン　つた-わる　つた-える　つた-う
伝	ことば	伝える　伝わる　伝言　＜手伝う＞
	例文	気持ちを伝える。／伝言を頼む。

159

	読み方	クン
訓	ことば	訓練　訓読み
	例文	防災訓練に参加した。

160

	読み方	レン　ね-る
練	ことば	練習　訓練
	例文	子どもたちが週末、野球の練習をしている。

161

	読み方	ヒ　いな
否	ことば	安否　否定
	例文	家族の安否を確認する。／その女優は結婚の噂を否定した。

162

読める　～袋（ぶくろ）

---

❶ぼうし ＿＿＿＿＿＿＿　　❷まもる ＿＿＿＿＿＿＿　　❸ほぞん ＿＿＿＿＿＿＿

❹たおれる ＿＿＿＿＿＿　　❺つたえる ＿＿＿＿＿＿　　❻くんれん ＿＿＿＿＿＿

❼ひてい ＿＿＿＿＿＿＿

Ⅰ. □に漢字を1つ入れて、（　　）に読み方をひらがなで書いてください。
　　　かん じ　　　い　　　　　　　　　　　　　よ　かた　　　　　　　　　か

① （　　　　　）

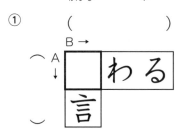

②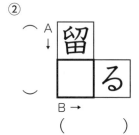

Ⅱ. □に漢字を1つ入れて、言葉を作ってください。
　　　かん じ　　　い　　　　　こと ば　　つく

①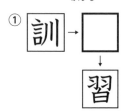

②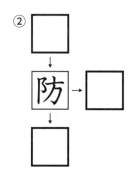

Ⅲ. ＿＿＿＿の漢字をひらがなで、ひらがなを漢字で書いてください。
　　　　　　　　かん じ　　　　　　　　　　　　　　　　　　かん じ　か

① てつだってくれて、ありがとう。

② 失敗しない人なんて存在しない。
　　しっぱい

③ 病院へ行くときは、ほけん証が必要です。
　　　　　　　　　　　　　　　　しょう　よう

④ A：田中さんをごぞんじですか。　　B：はい。

⑤ 安否を確認する。

⑥ 家具が転倒しないようにしっかりと固定しておく。
　　　ぐ　　　　　　　　　　　　　　　　　　　　　こ

Ⅰ 学校の掲示板でお知らせを見つけました。
　 がっこう けいじばん し　　 み

なかの防災フェスタ

日時：9月5日（土）　※雨天決行
　　　10:00 〜 15:00
場所：もみじ公園

入場無料！

楽しみながら防災について考えるイベント
です。さまざまな体験をして、いざというと
きどうやって身を守るのかを学びましょう！

＜体験コーナー＞
◉ 防災訓練　　◉ 地震体験
◉ 消火体験
◉ 防災グッズ手作り体験

① これは何のお知らせですか。
　　　　なん　し

_____

② どんなことが学べますか。
　　　　　　　　　まな

_____

③ 体験コーナーではどんなことができま
　 たいけん
　すか。

_____

Ⅱ 災害に備えるために、買い物に来ました。フロアマップを見ています。
　 さいがい そな　　　　　　 か もの き　　　　　　　　　　　　 み

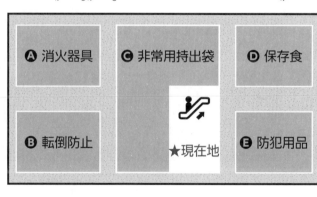

Ⓐ 消火器具　　Ⓒ 非常用持出袋　　Ⓓ 保存食

Ⓑ 転倒防止　　★現在地　　Ⓔ 防犯用品

次のとき、Ⓐ〜Ⓔのどのコーナーに行きますか。
つぎ　　　　　　　　　　　　　　　　　 い

① いろいろ入っているセットがほしいです。　（　　　）
　　　　　 はい

② 長持ちする食料がほしいです。　（　　　）
　 ながも　　 しょくりょう

③ 家具を留めるものがほしいです。　（　　　）
　 か ぐ　と

第5課 ❸

身近な交通情報

Ⅰ 電車が動いているか、見ています。何がわかりますか。

①

②

Ⅱ 空港にいます。

① 福岡行きの飛行機はどこから乗りますか。

定刻	行先	便名	ファースト クラスJ	普通席	備考
20:00	福　岡	⦿NTA 062	—	△	○	搭乗口は 23 番に変更
20:05	東京 / 羽田	⦿NAL 920	—	×	○	
20:10	札幌 / 新千歳	⦿NTA 048	—	△	○	搭乗口は 22 番に変更
20:50	東京 / 羽田	⦿NAL 922	欠　航			飛行機の手配ができないため

② 何がわかりますか。

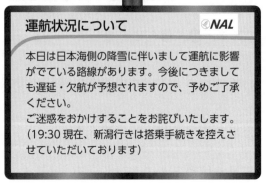

運航状況について　⦿NAL

本日は日本海側の降雪に伴いまして運航に影響
がでている路線があります。今後につきまして
も遅延・欠航が予想されますので、予めご了承
ください。
ご迷惑をおかけすることをお詫びいたします。
（19:30 現在、新潟行きは搭乗手続きを控えさ
せていただいております）

163	情	読み方	ジョウ　セイ　なさ-け
		ことば	**情報**　**事情**　友情 じょうほう　じじょう　ゆうじょう
		例文	台風の情報を確認する。／事情を説明する。 たいふう　ほう　かくにん　　じ　せつめい

164	報	読み方	ホウ　むく-いる
		ことば	**情報**　**速報**　天気予報 じょうほう　そくほう　てんきよほう
		例文	緊急地震速報が発表された。／毎朝、天気予報をチェックする。 きんきゅうじしんそく　はっぴょう　まいあさてんきよ

ポイント：どっちがいい？
①
A 報　B 報

165	乱	読み方	ラン　みだ-れる　みだ-す
		ことば	**乱れる**　**混乱**　乱暴 みだ　こんらん　らんぼう
		例文	ダイヤが乱れる。／一度に多くのことを言われて頭が混乱した。 いちど　おお　い　あたま　こん

166	延	読み方	エン　の-びる　の-ばす　の-べる
		ことば	**遅延**　**延期**　延長　延びる　延ばす ちえん　えんき　えんちょう　の　の
		例文	遅延証明書をもらう。／試合が延長した。／出発の日を延ばす。 ち　しょうめいしょ　しあい　ちょう　しゅっぱつ　ひ

ポイント：どっちがいい？
②
A 延　B 延

167	変	読み方	ヘン　か-わる　か-える
		ことば	**変更**　**変化**　変わる　変える　変　大変 へんこう　へんか　か　か　へん　たいへん
		例文	秋は気温の変化が大きい。／季節が変わる。／変なにおいがする。 あき　きおん　か　おお　きせつ　か

168	更	読み方	コウ　さら　ふ-ける　ふ-かす
		ことば	**変更**　**更新** へんこう　こうしん
		例文	ルールを変更する。／ビザの更新をする。 へん　しん

169	状	読み方	ジョウ
		ことば	**状況**　賞状 じょうきょう　しょうじょう
		例文	スマートフォンで電車の運転状況を見る。 でんしゃ　うんてん　きょう　み

170	況	読み方	キョウ
		ことば	**状況**　近況 じょうきょう　きんきょう
		例文	事故の状況を説明した。 じこ　じょう　せつめい

171	想	読み方	ソウ　ソ
		ことば	**予想**　**連想**　理想 よそう　れんそう　りそう
		例文	試合結果を予想する。／「日本」と聞いて桜を連想する人は多い。 しあいけっか　よ　にほん　き　さくら　れん　ひと　おお

ポイント：共通の読み方は？
きょうつう　よ　かた
③
💡 想・相
[　　　　　]

読める	影響 えいきょう

✎　❶じょうほう ＿＿＿＿＿＿　　❷みだれる ＿＿＿＿＿＿　　❸ちえん ＿＿＿＿＿＿

❹たいへん ＿＿＿＿＿＿　　❺へんこう ＿＿＿＿＿＿　　❻じょうきょう ＿＿＿＿＿＿

❼よそう ＿＿＿＿＿＿

Ⅰ. 同じパーツがある漢字を書いてください。
　　おな　　　　　　　かんじ　か

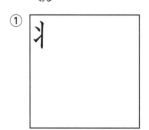
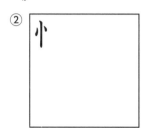
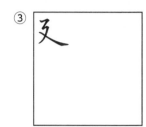

Ⅱ. □に漢字を１つ入れて、言葉を作ってください。
　　　かんじ　い　　　　　ことば　つく

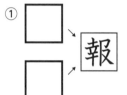
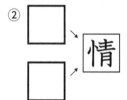
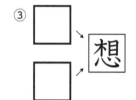

Ⅲ. ＿＿＿＿の漢字をひらがなで、ひらがなを漢字で書いてください。
　　　　　　かんじ　　　　　　　　　　　かんじ　か

① 事故の影響で電車のダイヤが乱れている。

② 花火大会は、雨の場合、来週の日曜日に延期されます。

③ 授業時間が延長された。

④ ビザを更新する。

⑤ けがをしたときのじょうきょうを説明してください。

⑥ 牛乳を一口飲んだら、へんな味がしたので、捨てた。
　　　　　　　　　　　　　　　　　　　　　　す

⑦ この地域は気温のへんかが大きい。
　　　　いき

Ⅰ 今、駅にいます。
　いま　えき

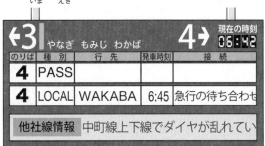

① 今、中町線の状況はどうですか。
　いま　なかまちせん　じょうきょう

_____

② 何のお知らせですか。
　なん　し

_____

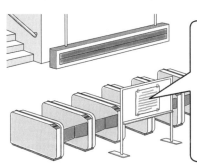

Ⅱ 電車で空港に向かっています。これから飛行機に乗ります。
　でんしゃ　くうこう　む　　　　　　　　　　　　　ひこうき　の

① 今、電車が動いているか知り
　いま　でんしゃ　うご　　　　　し
たいです。どこを見ますか。
　　　　　　　　　み

（　　　）

② 保安検査場からのお知らせ
　ほあんけんさじょう　　　　し
です。何についてですか。
　　なに

_____

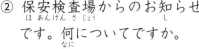

メッセージを送る・読む

I 今日約束をしている友達から、メッセージが届きました。まりさんとアリさんはどうしましたか。

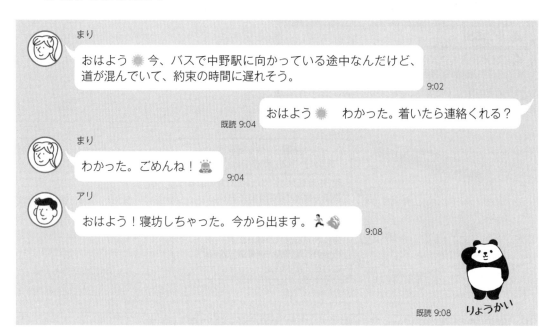

まり
おはよう ☀ 今、バスで中野駅に向かっている途中なんだけど、道が混んでいて、約束の時間に遅れそう。
9:02

既読 9:04　おはよう ☀　わかった。着いたら連絡くれる？

まり
わかった。ごめんね！🙇
9:04

アリ
おはよう！寝坊しちゃった。今から出ます。🏃💨
9:08

既読 9:08　りょうかい

II バイト先の店長からメッセージが来ました。あなたはこれからどうしますか。

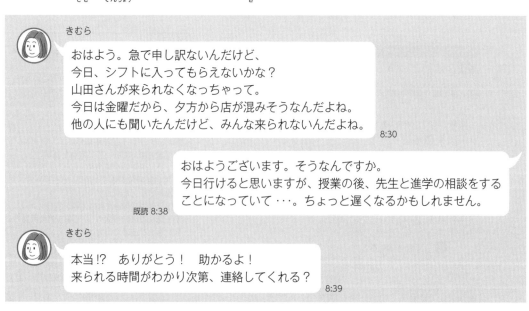

きむら
おはよう。急で申し訳ないんだけど、
今日、シフトに入ってもらえないかな？
山田さんが来られなくなっちゃって。
今日は金曜だから、夕方から店が混みそうなんだよね。
他の人にも聞いたんだけど、みんな来られないんだよね。
8:30

おはようございます。そうなんですか。
今日行けると思いますが、授業の後、先生と進学の相談をする
ことになっていて・・・。ちょっと遅くなるかもしれません。
既読 8:38

きむら
本当!?　ありがとう！　助かるよ！
来られる時間がわかり次第、連絡してくれる？
8:39

172	向	読み方	コウ　む-く　む-ける　む-かう　む-こう
		ことば	向かう　向き　向こう　方向　〜向け
		例文	今、駅に向かっています。／南の方向に進む。／子ども向けの本。
173	途	読み方	ト
		ことば	途中
		例文	メールを書いている途中で、送ってしまった。
174	混	読み方	コン　ま-ざる　ま-ぜる　こ-む　ま-じる
		ことば	混む　混ぜる　混ざる　混雑
		例文	この店はいつも混んでいる。／駅の階段付近は混雑する。
175	束	読み方	ソク　たば
		ことば	約束　花束
		例文	友達と約束する。
176	寝	読み方	ね-る　ね-かす　シン
		ことば	寝る　寝坊　寝室
		例文	疲れたので早く寝よう。
177	坊	読み方	ボウ　ボッ
		ことば	寝坊　お坊さん
		例文	寝坊してしまって、テストを受けられなかった。
178	訳	読み方	ヤク　わけ
		ことば	申し訳ない　訳　通訳　翻訳　訳す
		例文	申し訳ありません。／訳を話す。／会議で通訳をする。
179	他	読み方	タ　ほか
		ことば	他　その他
		例文	参加費の他に交通費がかかります。
180	第	読み方	ダイ
		ことば	〜次第　第一課
		例文	駅に着き次第、連絡します。

ポイント：どっちがいい？
① A 途　B 途

ポイント：どうやって覚える？
② 💡 混

ポイント：共通の読み方は？
③ 💡 束・速 [ ]

ポイント：どうやって覚える？
④ 💡 寝

ポイント：違うのはどれ？
⑤ A 坊　B 防　C 方

❶むかう ＿＿＿＿＿＿　❷とちゅう ＿＿＿＿＿＿　❸こむ ＿＿＿＿＿＿

❹やくそく ＿＿＿＿＿＿　❺ねぼう ＿＿＿＿＿＿　❻わけ ＿＿＿＿＿＿

❼ほか ＿＿＿＿＿＿　❽しだい ＿＿＿＿＿＿

Ⅰ．□に同じパーツを入れて、文を作ってください。
　　おな　い　　　　　ぶん　つく

① a　今朝、寝 □土 してしまった。　　b　風邪を予 □阝 する。
　　　　　　　　　　　　　　　　　　　　　　　かぜ

② a　快 □辶 電車に乗る。　　　　　　b　友達と会う約 □ をする。

③ a　教科書の □竹 1課。　　　　　　b　兄 □ソ が3人いる。

Ⅱ．A、B、Cのパーツを組み合わせて、＿＿＿に入る漢字を作ってください。
　　　　　　　　　　　　　　く　あ　　　　　　　　はい　かんじ　つく

| A | 宀 氵 | B | 日 扌 | C | 比 旻 |

① お好み焼きの材料を＿＿＿＿＿ぜる。

② 今日は早く＿＿＿＿＿ようと思う。

Ⅲ．＿＿＿の漢字をひらがなで、ひらがなを漢字で書いてください。
　　　　　　かんじ　　　　　　　　　　　　　かんじ　か

① 工事中につき、通路が狭くなっております。申し訳ございません。
　　　　　　　　　　　　　　　せま

② [駅のホームで]　階段の近くはこんざつしますので、止まらないでください。

③ 南向きの明るい部屋に住みたいです。

④ 川の向こうに運動場がある。

⑤ 道に迷って進む方向がわからなくなった。
　　　　まよ

⑥ 交流会ではバーベキュー、お花見、その他さまざまなイベントを計画しています。

⑦ 会議のつうやくを頼まれた。
　　ぎ　　　　　　　　たの

Ⅰ 友達と12時に会う約束をしていましたが、起きたら12時でした。
　ともだち　　じ　あ　やくそく　　　　　　　おきたら　じ
　友達にメッセージを送ってください。
　ともだち　　　　　　おく

Ⅱ バイトに行くために、電車に乗っています。 ・・・・・・・・・・・・・・・・・・・・・・・🎧05
　　　い　　　　　でんしゃ　の
【👂】 アナウンスを聞いて、店長にメッセージを送ってください。
　　　　き　　てんちょう　　　　　　おく

自然災害
しぜんさいがい

日本は災害の多い国と言われていますが、地震や台風の他に、どんな災害があるの
にほん さいがい おお くに い　　　　　　　 じしん たいふう ほか　　　　　 さいがい
でしょうか。いざというときのために、言葉と漢字を知っておきましょう。
　　　　　　　　　　　　　　　　　　 ことば かんじ し

● どんなニュースですか。

① 速報 LIVE ○○山噴火　　　② 速報 LIVE 関東で竜巻

● 何に注意しなければなりませんか。
　 なに ちゅうい

① (　　　　)　　　　　　　② (　　　　)

予想天気図 高　ウェザーnews　日本海側の雪 雪崩 落雷に注意

台風情報　ウェザーnews　台風10号　高潮に警戒

A

B

C

■ あなたの住んでいるところではどんな災害がありますか。
　　　　　 す　　　　　　　　　　　　　　　 さいがい

中級1
INTERMEDIATE 1
レベルの目安
B1

漢字
たまご

KANJI TAMAGO

音声スクリプト・解答
おんせい　　　　　　　　かいとう

音声スクリプト
おんせい

タパ：あのう、もしもし、渡辺さんです
　　　か。こんばんは。タパです。

渡辺：あ、タパさん。こんばんは。どう
わたなべ　　したの？

第1課..............................
だい　　か

タパ：すみません。シフトのことなんで
　　　すが。

渡辺：うん。
わたなべ

2

練習2：やってみよう　Ⅰ
れんしゅう

[電話している日は5月2日（火）の設定]
でんわ　　　　ひ　　　　　　　　　せってい

タパ：次の日曜日、シフトに入ってるん
　　　つぎ　にちようび　　　　　　　　はい
　　　ですけど、国から家族が来ること
　　　　　　くに　　かぞく　く
　　　になって……、もしよかったら代
　　　　　　　　　　　　　　　　　　か
　　　わってもらえませんか。

① 🎧 02

店長：あ、もしもし、フェンさん、こ
てんちょう　んにちは。

渡辺：今週かあ。いいよ。でも、私もレ
わたなべ　こんしゅう　　　　　　　　わたし
　　　ポートを書かなきゃいけなくて。
　　　　　　　か
　　　私のシフトと交換するのはどう？
　　　わたし　　　　　こうかん

フェン：あ、鈴木店長、お疲れ様です。
　　　　すずき てんちょう　つか　さま

タパ：はい、大丈夫です！　渡辺さんの
　　　　だいじょうぶ　　　　　わたなべ
　　　シフトは……。

店長：ちょっとシフトのことでお願い
てんちょう　　　　　　　　　　　　　ねが
　　　があるんだけど……。

渡辺：金曜日。
わたなべ きんようび

フェン：はい。

タパ：はい、金曜日ですね。金曜日なら
　　　　　きんようび　　　　　きんようび
　　　入れます。
　　　はい

店長：実は高橋さんが風邪ひいちゃっ
てんちょう じつ たかはし　　かぜ
　　　たみたいで、代わってほしいっ
　　　　　　　　か
　　　て連絡があったんだよ。
　　　　れんらく

渡辺：うん。6時から12時ね。
わたなべ　　　じ　　　　じ

フェン：あ、高橋さんが、そうなんですか。
　　　　　たかはし

タパ：はい。わかりました。ありがとう
　　　ございます。では日曜日よろしく
　　　　　　　　　　　　にちようび
　　　お願いします。
　　　ねが

店長：申し訳ないんだけど、次の高橋
てんちょう もう わけ　　　　つぎ たかはし
　　　さんのところ、入れる？
　　　　　　　　はい

フェン：高橋さん……明後日の木曜日で
　　　　たかはし　　　あさって もくようび
　　　すね。……あ、はい、大丈夫です。
　　　　　　　　　　　だいじょうぶ

店長：あ、本当？　水、木の2日になっ
てんちょう　ほんとう　すい もく　ふつか
　　　ちゃうけど平気？
　　　　　　へいき

フェン：はい、大丈夫です。
　　　　　だいじょうぶ

店長：そっか。ありがとう。じゃ、よ
てんちょう
　　　ろしくね。

練習2：やってみよう　Ⅱ

留学生：こんにちは。

石原：こんにちは。

留学生：初めまして。ジョン・ブラウンと申します。よろしくお願いします。

石原：私は石原です。こちらこそよろしくお願いします。

留学生：「いしはら」さん……。漢字はどうやって書くんですか。

石原：えっと、石川県の「石」、うーんと、ストーンの「石」に、原っぱの「原」と書くんです。

留学生：こうですか。

石原：はい。そうです。

留学生：ありがとうございます。えっと……（視線を送る）

長谷川：じゃ、次は私ね。私は長谷川です。

留学生：「はせがわ」さん。

長谷川：長い短いの「長い」に「谷」と3本がわの「川」で長谷川といいます。

留学生：「は、せ、が、わ」さん。へえ。

長谷川：あちらの方は交流会の会長で戸田さんですよ。

留学生：戸田さん……。

長谷川：あとで一緒にあいさつをしに行きましょう。

留学生：はい！

第5課 ....

4

練習2：やってみよう　Ⅱ

[電車内のアナウンス]

お客さまにお知らせいたします。

ただいま、信号故障のため、この列車は緊急停止しております。

安全を確認し次第、発車いたします。

お急ぎのところ申し訳ございませんが、もうしばらくお待ちください。

第7課 ....

4

練習2：やってみよう

①

日本人Ａ：この店、魚がおいしいんだよ。

留学生Ａ：そうなんですか。どれがおすすめですか。

日本人Ａ：あ、これかな。アジっていう魚の料理で、そのまま焼くんじゃなくて、干した物を焼い

てあって。干すとおいしくなるんだよ。この間食べたけど、おいしかったよ。

留学生Ａ：へえ、そうなんですか。食べてみたいです。

日本人Ａ：じゃ、これ頼もう。

② 🎧 07

日本人Ｂ：何がいい？　お腹、すいてるし、やっぱりお肉？

留学生Ｂ：はい、でも、肉は鶏しか食べられないんです。

日本人Ｂ：そうなんだ。えっと、鶏はいくつかあるけど……。これか、これか……。

留学生Ａ：焼き鳥とか、どうですか？

日本人Ｂ：そうね。じゃ、焼き鳥、何本頼みましょうか。あ、これ、いろいろ入ってて、お得じゃない？

留学生Ａ：本当ですね。じゃ、これを頼みましょう。

③ 🎧 08

留学生Ｃ：私は豆腐の料理が食べたいです。

日本人Ａ：じゃ、これか、これか。揚げ物はもう挟み揚げ頼んだか

ら、これにしない？　これ、牛肉といっしょに煮てあるんだけど、おいしいよ。

留学生Ｃ：へえ、じゃ、それ、食べてみたいです。

第9課

3

練習2：やってみよう Ⅱ

① 🎧 09

男：映画、面白かったね。

女：そうだね、面白かったね。ああ〜、お腹、すいた。何か食べない？

男：うん、そうだね。何を食べようか。

女：せっかくだから、映画のチケットで割引があるところで食べない？

男：うん、そうしよう。ここは飲み物1杯サービスって書いてあるよ。

女：こっちは割引があるけど……。

男：うーん、でも、飲み物1杯のほうがお得じゃない？

女：そうだね。じゃあ、お昼はここにしよう。

② 🎧 10

男：ここは何のお店？　2つ買うと安くなるって書いてあるけど……

女：ああ、ここは有名なアクセサリー屋だよ。

男：そうなんだ。

女：行ってみる？

男：いや、夏服がほしいんだよね。

女：それなら、ここはどう？　2枚買うと割引だって。

男：へえ、じゃあここに寄ってみてもいい？

女：うん。行こう。

③ 🎧*77*

男：あ、ここにも行かない？　1個もらえるよ。

女：あ、ほんとだ。でも、1,000円買わないともらえないよ。

男：ちょうどお菓子を買って帰ろうと思ってたんだ。1,000円くらいいくよ。

女：そう？　じゃ、ここも行こう。

第10課 ....

❷

練習2：やってみよう

🎧*72*

女1：冬休み、どこか旅行に行こうよ。

女2：いいね。温泉とかどう？

男：温泉、行きたい！

女1：温泉だったら、長野とかどう？

男：いいね！

女1：じゃあ、宿を探そう。

[女1：「長野・温泉」で絞込検索]

女2：ねえ、電車で行くから、駅から送迎があったほうがいいんじゃない？

女1：そうだね。それ重要。食事はどうする？　私は何でも食べられるけど、みんなは？

女2：私はお刺身が苦手。

男：僕はお肉が苦手。

女1：ああ、ここは食事が選べるから大丈夫だね。

女2：ねえ、ここ、星空ガイドツアーがあるって。いいじゃん。

男：そうだね。いいね。でもさ、こっちは露天風呂から、星空が見られるって書いてあるよ。

女２：本当だ。露天風呂最高！　ここに
しようよ。

女１：喫煙所ないけどいい？

　男：大丈夫。もうやめたから。

女１：じゃあ、ここにしよう！

解答
かいとう

楽しく覚えよう1 ....
たの　　　　おぼ

● 漢字のパーツ　〜パーツを分ける〜
かんじ　　　　　　　　　　　　　　　わ

① 花　② 役　③ 際

● 漢字の部首　〜大切なパーツ〜
かんじ　ぶしゅ　　たいせつ

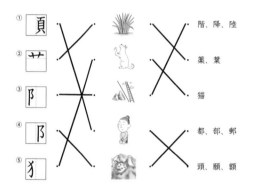

● 同じパーツを持つ漢字　〜漢字のグ
おな　　　　　も　かんじ　　　かんじ
ループを作る〜
つく

車　例 転

辶　例 週, 道, 送, 遅, 近, 返, 遊

第1課 ....
だい　か

1

チャレンジ

例 ・「国際交流のつどい」
こくさいこうりゅう

・日本文化体験ができる
にほんぶんかたいけん

・申し込みが21名以上の場合は、
もう　こ　　　めいいじょう　ばあい

抽選
ちゅうせん

ポイント

①さい　②B　③A　④か

✎

❶国際　❷流れる　❸参加

❹申し込む　❺文化　❻各地

❼誰

練習1：書いてみよう
れんしゅう　か

Ⅰ　①流　Aこうりゅう　Bながれる

②加　Aさんか　Bくわわる

Ⅱ　文化（ぶんか）, 国際（こくさい）,

流行（りゅうこう）, 持参（じさん）

Ⅲ　①申します, まいりました

②けしょうひん, ちゅうせん

③こくさいたいかい,

せかいかっこく, 参加

④申し込み, しめきり

⑤しめい

練習2：やってみよう
れんしゅう

①A　②A　③抽選で決める
ちゅうせん　き

2

チャレンジ

Ⅰ 丸山さん
   まるやま

Ⅱ 石井, 大谷, 鈴木, 戸田, 山田,
   いしい おおたに すずき とだ やまだ

   佐藤, 玉川, 丸井, 高橋, 渡辺,
   さとう たまがわ まるい たかはし わたなべ

   川田, 原田, 竹井, 竹田 など
   かわた はらだ たけい たけだ

ポイント

①B　②A　③竹　④B

✏️

❶丸い　❷石　❸竹　❹玉

❺戸　❻谷　❼野原　❽渡る

❾その辺

練習1：書いてみよう
   れんしゅう　か

Ⅰ ①辺　②シ, 渡　③願, 頁

Ⅱ ①a初　b辺

　②a谷　b合　c台

Ⅲ ①石　②竹　③まる

　④とだ, わたして

　⑤さとう, すずき, たかはし

　⑥ひゃくえんだま, ふそく

練習2：やってみよう
   れんしゅう

Ⅰ ①4日（木）16時〜20時まで
   よっか もく じ じ

　②C

Ⅱ 石原さん, 長谷川さん,
   いしはら　　は せ がわ

戸田さん（会長）
と だ　　かいちょう

3

チャレンジ

例 ・私も日本でベトナム料理のおいし
　 わたし にほん りょうり

　 い店を探しています。今度, 教え
　 みせ さが こんど おし

　 てください。

　・じゃ, 今度一緒に食べに行きませ
　 こんどいっしょ た い

　 んか。（交流会の場所の）近くの店
　 こうりゅうかい ばしょ ちか みせ

　 を探してみます。
　 さが

ポイント

①さく　②A　③B

④ 例

✏️

❶昨日　❷次　❸友達　❹一緒

❺紹介　❻調べる　❼連絡

練習1：書いてみよう
   れんしゅう　か

Ⅰ ①連　Aれんらく　Bつれていく

　②調　Aちょうし　Bしらべる

Ⅱ ①例 連, 達, 返

　②例 絡, 緒, 約, 紹

　③例 調, 説

Ⅲ 去年（きょねん）, 昨日（きのう,

　さくじつ）,

昨年（さくねん），先日（せんじつ），

先週（せんしゅう）

IV ①次，いっしょ

②たいちょう，連絡

③じかい

練習2：やってみよう

昨日，友達，紹介，友達，一緒

★例 友達に聞いて、また連絡します。

4

チャレンジ

Ⅰ 例 土曜日

Ⅱ ①C　②B　③A

ポイント

①例「晴」れた「日」は空が「青」い

②A　③A　④B

✎

❶晴れ　❷雲　❸雪

❹暖かい／温かい　❺冷たい

❻涼しい　❼汗　❽週末

練習1：書いてみよう

Ⅰ ①温　Aおんど　Bあたたかい

②冷　Aれいぞうこ　Bひやす

Ⅱ ①a雪　b雲　②a晴　b暖

Ⅲ ①気温，涼しく　②さめて

③すえ　④ちきゅうおんだんか

練習2：やってみよう

Ⅰ ①A　②C　③B

Ⅱ 例 昼は暑いが、夕方から涼しくなる

第2課...............................

1

チャレンジ

例 （右上）税込，辛さ，並，大盛，

甘口，中辛，辛口

（左上）日替わり弁当

（下）お召し上がり，昼得，

弁当，価格，1割引き，

ポイント

①B　②A　③刀

④しょう

✎

❶替える　❷得意　❸価格

❹税金　❺割れる　❻並ぶ

❼辛い　❽甘い　❾召し上がる

練習1：書いてみよう

Ⅰ ①価　②替　③割

Ⅱ 得意（とくい），

　日替わり（ひがわり），

　税金（ぜいきん），

　辛口（からくち）

Ⅲ ①おかいどく　　②おめしあがり

　③並べて　　④きがえる　　⑤甘い

練習２：やってみよう

Ⅰ ①例・平日の 17:00 〜 19:00 は、

　　　　ビールが１杯 200 円で飲める

　　　　（ハッピーアワー）

　　　・平日は学生割引があって、全

　　　　品 100 円引きになる

　②例 辛さのレベル

Ⅱ ① 450 円

　②例（できるだけ）早めに食べる

2

チャレンジ

Ⅰ 例 冷蔵庫，XX 年７月 10 日

Ⅱ 例・500W の電子レンジで６分，

　　　 600W の電子レンジで４分 40

　　　 秒

　　　・マカロニ，牛乳，えび，鶏肉，

　　　 小麦粉，たまねぎ　など

ポイント

①例

②B　　③B

✏

❶冷蔵庫　　❷賞　　❸期限　　❹材料

❺小麦　　❻牛乳　　❼ 30 秒

練習１：書いてみよう

Ⅰ ① a 庫　b 店　　② a 際　b 限

Ⅱ ①期限，期間　　②賞品，賞金

Ⅲ ①ていきけん　　②きゅうびょう

　③かぎり

　④げんざいりょう，こむぎこ，牛乳

　⑤期間

練習２：やってみよう

Ⅰ ① xx 年６月 20 日

　②1600W の電子レンジで約 20 秒

　　 500W の電子レンジで約 60 秒

　③冷蔵庫

Ⅱ Ｂさん

3

チャレンジ

Ⅰ 価格を低い順に並べ替える

Ⅱ 数量のボタンで２を選ぶ

人がいなかったので、荷物を持って帰ったというお知らせ

ポイント

①手　②Ａ　③かく

④例 ２人の人（左右２つのパーツ）が背を「比」べる

⑤Ｂ

ポイント

①Ａ　②Ｂ　③氵：水，冫：氷

④衣　⑤Ａ　⑥羽

✏️

❶探す　❷順番　❸届く　❹数

❺最近　❻価格　❼比較　❽評価

✏️

❶不在　❷配達　❸再～　❹凍る

❺衣類　❻希望　❼翌日

練習１：書いてみよう

Ⅰ　①数　Ａすうじ　Ｂかぞえる

　　②比　Ａひかく　Ｂくらべる

Ⅱ　較，評，格，順

Ⅲ　①願，頭，顔，順

　　②局，屋，届

Ⅳ　①探して　②ばんごうじゅん

　　③すうがく　④合格　⑤最後

練習１：書いてみよう

Ⅰ　①a酒　b配　②a順　b類

Ⅱ　①例 再～：再配達，再開，再会，

　　　　　　　　再入国，再入場，再来，

　　　　　　　　再送，再試験，再出発，

　　　　　　　　再考

　　　　再～：再来週，再来月，再来年

　　②例 翌～：翌日，翌年，翌週，翌月，

　　　　　　　　翌朝，翌春

Ⅲ　①れいとうしょくひん

　　②ぶんるい　③希望

　　④凍ります　⑤しんぱい

　　⑥ざいりゅう

練習２：やってみよう

① 3,217 円　（配達料金無料）

② ８月 12 日　③ Ⓑ　④ Ⓔ

4

チャレンジ

不在連絡票。荷物を届けに来たが、家の

練習2：やってみよう

①お届け希望日： 例 その日が8月1日な

ら8月2日と書く

ご希望時間帯： ☑ 午前中

② ☑ 冷凍

③衣類, 書類

第3課 ....

1

チャレンジ

Ⅰ B（営業中のレストラン）

Ⅱ （省略）

ポイント

①B　②B　③A

④青, 青（すっきり, きれい）　⑤A

✏

❶営業　❷準備　❸非常口

❹事故　❺清掃　❻床

練習1：書いてみよう

Ⅰ ①a早　b準　②a故　b古

③a晴　b清

Ⅱ ①例 家, 安, 定, 空, 室, 寒, 字,

究（院, 館, 割）

②例 学, 営

③例 堂, 賞, 常

Ⅲ ①そうじ　②そなえる

③ひじょう　④けいえい

⑥日常会話

練習2：やってみよう

①◆

②はい

③いいえ

④朝5時30分〜9時30分と13時〜

25時まで。9時30分〜13時まで

は掃除の時間のため使えない。

2

チャレンジ

① A 中野（出発駅）

B 東京ディズニーランド（到着駅）

②例 中野駅でJR中央線の快速電車に

乗って、東京駅でJR京葉線の快

速電車に乗り換えて、舞浜駅まで

行きます。舞浜駅からリゾートゲー

トウェイ駅まで歩いて、リゾート

ゲートウェイ駅からディズニーリ

ゾートラインで、東京ディズニー

ランドまで行きます。

ポイント

①心
　ころ
②B
③B

✏️

❶乗り換え　❷到着　❸現金

❹時刻　❺快速　❻徒歩　❼運賃

❽表

練習１：書いてみよう
　れんしゅう　　か

I　①a速　b達　c込

　②a貸　b賃　c賞

　③a到　b割　c刻

　④a徒　b得　c役

II　①到着, 着物

　②発表, 表現, 現在, 在住, 住所

III　①こうかん　②表す　③おもて

練習２：やってみよう
　れんしゅう

I　①**出発** 新宿　**到着** 江の島
　　　　　　しんじゅく　　　　え　しま

　②❸

　③（省略）
　　　しょうりゃく

II　（省略）
　　しょうりゃく

3

チャレンジ

I　①反対の階段のほうへ行く
　　はんたい　かいだん　　い

　②駅の係員に帽子を落としたことを
　　えき　かかりいん　ぼうし　お

　　言う
　　い

12　解答

II　❸

ポイント

①例 左側のパーツがはしご，人がはし
　　ひだりがわ　　　　　　　　　ひと

　ごを上っている様子
　　　のぼ　　　ようす

②C　③B　④B

✏️

❶鉄　❷階段　❸反対　❹線路

❺落ちる　❻改札

練習１：書いてみよう
　れんしゅう　　か

I　①落　②階　③段

II　①a飯　b反　②a絡　b路

III　①ちかてつ　②ぜったい

　③いちまんえんさつ　④なふだ

　⑤たい　⑥こうつうしゅだん

　⑦だんらく

練習２：やってみよう
　れんしゅう

I　❸

II　①西口から連絡通路へ行く
　　にしぐち　れんらくつうろ　い

　②西口を出て、右へ進む
　　にしぐち　で　みぎ　すす

　③東口の改札の中
　　ひがしぐち　かいさつ　なか

4

チャレンジ

（省略）

ポイント

①B　　②A　　③糸，糸

✏️

❶生活　　❷忙しい　　❸慣れる

❹目標　　❺将来　　❻経験

❼続ける　　❽相談

練習1：書いてみよう

Ⅰ　①慣　Aしゅうかん　Bなれる

　　②相　Aあいて　　Bそうだん

　　③続　Aれんぞく　Bつづく

Ⅱ　①例 寺，時，持，待，対，将

　　②例 忘，望，忙

　　③例 祭，際，標

Ⅲ　①活動　　②しゅしょう　　③目標

　　④てつづき　　⑤ひょうじゅんてき

　　⑥将来

Ⅳ　例

• 今年の目標はN2の試験に合格することです。

• 今年の目標は日本の会社にしゅうしょくすることです。

• 今年の目標は漢字をたくさんおぼえることです。

練習2：やってみよう

（省略）

第4課 ....

1

チャレンジ

Ⅰ　通帳。中に名前、店番号、口座番号、支店名などが書いてある。

Ⅱ　①「お引き出し」を押す

　　②金額を入力する

　　③確認したら、「確認」を押す

Ⅲ　例 硬貨（コイン）は使えない

ポイント

①D

②例「普」通の「日」は「並」の牛丼を食べます。

③手　　④B　　⑤B

✏️

❶～様　　❷普通　　❸預ける

❹支払う　　❺金額　　❻確認

❼硬い　　❽硬貨

練習1：書いてみよう

I ①a試 b談 c認

②a願 b題 c預

③a確 b硬

II ①例 金額，半額，全額，定額

②例 支店，支社

III ①せいかく ②ふだん ③様子

④みとめて

練習2：やってみよう

I ①Ⓐ ②Ⓓ ③Ⓒ

II （省略）

2

チャレンジ

（省略）

ポイント

①例 歯は年齢に関係がある，令は「冷」

（2課2）と同じ読み方のパーツが

ある

②A ③A

✏

❶記入 ❷姓名 ❸年齢

❹21歳 ❺男性 ❻京都府

❼番号 ❽〜殿

練習1：書いてみよう

I ①姓，性 ②a冷 b齢

③a府 b庫

II 順番（じゅんばん），女性（じょせい）

記事（きじ）

III ①こうばん ②にっき ③性格

④きごう ⑤こうれいしゃ

練習2：やってみよう

（省略）

3

チャレンジ

例 • ガス料金等の払込票

• ガス料金の明細，支払う金額，

請求書，領収証

ポイント

①A ②A ③き

④例 「貝」はお金を表すパーツ，「弗」

は$と少し形が似ている

✏

❶払う ❷領収書 ❸受ける

❹〜印 ❺細い ❻基本 ❼費用

❽〜等

練習1：書いてみよう

Ⅰ ①細　Aほそい　Bこまかい

　　②受　Aじゅけん　Bうけとる

Ⅱ ①B，F，G　②D　③A，E

　　④C，H

Ⅲ ①しょうひぜい　②かいしゅう

　　③しるし　④明細　⑤収入

　　⑥ごうかくきじゅん　⑦ひとしく

練習2：やってみよう

Ⅰ ①2,700円（基本料）

　　②請求された金額の詳しい内容

　　③消費税　④料金を支払う

Ⅱ ①領収日付印のところに☆マークを

　　書く（3か所）

　　②C

4

チャレンジ

Ⅰ 例 雑誌，家事・家庭の本，児童本，

　　新刊書

Ⅱ 例 ・必ず利用者登録をしてから借り

　　　る

　　・本人が図書館受付カウンターで

　　　登録する

・返却期限日を過ぎた図書が1

冊でもある場合、新たに借りる

ことはできない

ポイント

①ふ　②B　③A　④A　⑤A

✏

❶付く　❷必ず　❸過ぎる

❹雑誌　❺新刊　❻児童　❼庭

練習1：書いてみよう

Ⅰ ①必　Aひつよう　Bかならず

　　②過　Aかこ　Bすごす

Ⅱ ①a調　b誌　c評

　　②a庫　b庭　c床

Ⅲ ①受付，とうろく　②ひっちゃく

　　③かたづけ　④ふきん

　　⑤ちょうかん

練習2：やってみよう

①A，家庭でおいしい野菜を作りたい人

②C

③旅行を楽しむヒントがたくさん書いて

　ある人気の雑誌

④必ず11月15日（金）までに図書館の

　受付で申し込む

楽しく覚えよう２...............

● 読み方のパーツは何かな？

①化（か）　②圣（けい）

③羊（よう）　④其（き）

● 読み方が違うのはどれ？

①Ｃ　②Ｂ　③Ｃ

読めるかな？

①しょうたい　②せいき

第５課................................

❶

チャレンジ

①例 地震のニュース

強く揺れた地域の人は安全を確保
する。

②例 天気のニュース

大雨や風、波に気をつける。

③例 大雨のニュース

・Ａ市の人はいますぐ逃げる。土砂
災害の危険がある。

・Ｂ市の高齢者は避難する。川の水
があふれるおそれがある。

・避難情報や危険エリアを地図で確
認する。

ポイント

①Ｂ　②Ａ　③丘，はしご

④Ｂ　⑤Ａ

✎

①難しい　②危険　③出身

④地震　⑤波　⑥河　⑦暴風

⑧災害

練習１：書いてみよう

Ⅰ ①危　Ａきけん　Ｂあぶない

②震　Ａじしん　Ｂふるえる

③難　Ａひなん　Ｂむずかしい

Ⅱ ＜Ａ＞ 験，険

＜Ｂ＞ 歌，可，河，何

Ⅲ ①じしん　②つなみ，ひなん

③ゆうがい　④さいがい，み

⑤しんちょう　⑥ぼうふう

⑦かせん

練習２：やってみよう

①地震が起きた。強い揺れに備える。

②Ａ

❷

チャレンジ

例 身を守る備えとして、

・保存食や保存水などを準備する。

・避難経路と避難先を調べておく。

・棚や家具が倒れないようにする。

・家族や友達とどうやって安否確認するか相談したり、町の防災訓練に参加したりする。

ポイント

①B　　②B　　③とう

✏️

❶防止　　❷守る　　❸保存

❹倒れる　　❺伝える　　❻訓練

❼否定

練習１：書いてみよう

Ⅰ　①伝　Ａでんごん　Ｂつたわる

　　②守　Ａるす　Ｂまもる

Ⅱ　①例 訓練, 練習

　　②例 予防, 防水, 防火, 防音, 防寒, 防止

Ⅲ　①手伝って　②そんざい　③保険

　　④ご存知　　⑤あんぴ

　　⑥てんとう

練習２：やってみよう

Ⅰ　①防災イベントのお知らせ

　　②いざというときにどうやって身を守るのかが学べる

③防災訓練、地震体験、消火体験、防災グッズ手作り体験

Ⅱ　①❸　　②❹　　③❸

3

チャレンジ

Ⅰ　①例・大雪で運転見合わせやダイヤの乱れが出ている

　　　　・交通に影響が出ている

　　②例・山手線は平常通り運転、湘南新宿ラインは遅延

　　　　・中央・総武各駅停車は運転見合わせ

Ⅱ　①23番の搭乗口

　　②・飛行機の運航状況

　　　・雪で飛行機が遅れている

　　　・これからも遅れたり、欠航（飛ばなかったり）したりすることが予想される

ポイント

①A　　②A　　③そう

✏️

❶情報　　❷乱れる　　❸遅延

❹大変　　❺変更　　❻状況

❼予想

練習１：書いてみよう

Ⅰ ①例 状, 将, 寝

　②例 忙, 性, 情, 快, 慣

　③例 延, 建

Ⅱ ①例 情報, 予報, 速報

　②例 友情, 表情

　③例 発想, 予想

Ⅲ ①えいきょう, みだれて

　②えんき　③えんちょう

　④こうしん　⑤状況　⑥変な

　⑦変化

練習２：やってみよう

Ⅰ ①上下線でダイヤが乱れている

　②強風や大雨が予想されているので

　　電車が運転を止めたり遅れたりす

　　るかもしれない

Ⅱ ①Ⓑ

　②保安検査場の（締め切り）時間の

　　変更

4

チャレンジ

Ⅰ まりさん：道が混んでいるので、約

　　　　　　束の時間に遅れる

　アリさん：寝坊したので、約束の時

　　　　　　間に遅れる

Ⅱ 例 進学の相談が終わり次第、店長

に連絡する

ポイント

①A

②例 「日」曜日の「氵」（海）は平日に

　　「比」べて、「混」んでいる。

③そく

④例 「宀」（ウかんむり）の下にベッド

　　（左）と寝ている人（右）

⑤C

✎

❶向かう　❷途中　❸混む

❹約束　❺寝坊　❻訳　❼他

❽次第

練習１：書いてみよう

Ⅰ ①a坊　b防　②a速　b束

　③a第　b弟

Ⅱ ①混　②寝

Ⅲ ①もうしわけ　②混雑

　③むき　④むこう　⑤ほうこう

　⑥そのた／そのほか　⑦通訳

練習２：やってみよう

Ⅰ 例 おはよう！　実は、寝坊しちゃっ

て。今、電車でそっちに向かって

るんだけど、約束の時間に遅れ

そう。本当にごめん！

II 例 すみません。今、店に向かっているところなんですが、乗っている電車が止まってしまったので、遅れるかもしれません。信号の故障で止まっているそうですが、どのくらい時間がかかるかわかりません。電車が動き次第、また連絡します。

コラム

●どんなニュースですか。

① 山が噴火した

② 竜巻が発生した

●何に注意しなければなりませんか。

① A　　② B

●あなたの住んでいるところではどんな災害がありますか。

（省略）

第6課

1

チャレンジ

例 駅を出てまっすぐ進む。交差点を渡って、警察署の角で左に曲がる。

橋を渡ると右側にある。

ポイント

① B　　② B　　③ A

④ 神様　　⑤ A

✎

❶ 周り　　❷ 郵便局　　❸ 警察署

❹ 橋　　❺ 神社　　❻ 駐車場

練習1：書いてみよう

I ① 郵, 都, 部

② 院, 防, 限, 際, 険

II ① 例 新, 心, 真, 親, 進, 震, 神, 身, 辛, 森

② 例 周, 習, 週, 集, 終, 秋

III ① じんじゃ　　② ゆうそう

③ しょうぼうしょ　　④ 警報, 橋

⑤ 周辺, ちゅうりん

⑥ かみさま

練習2：やってみよう

例 ・北口を出て、交差点を渡り、神社の角を右に曲がる。川に沿ってまっすぐ行って、やなぎ橋を渡るとすぐ左にある。

・東口を出て、コンビニと弁当屋の間の道をまっすぐ行く。道なりに進み、警察署の角を左に曲がる。まっすぐ

行って、橋を渡るとすぐ左にある。

2

チャレンジ

例 コスモス畑，彦根港，彦根城，竹生島

ポイント

①A ②こ ③B ④B

⑤例「田」んぼを「火」で焼いて「畑」を作る。焼畑農業。

❶観光 ❷湖 ❸島 ❹港

❺海岸 ❻坂 ❼畑 ❽お城

❾塔

練習1：書いてみよう

I ①湖 ②岸 ③塔

II ①a 漢字（かんじ）

b 観察（かんさつ）

c 習慣（しゅうかん）

d 週刊誌（しゅうかんし）

②a 学校（がっこう）

b 交通（こうつう）

c 空港（くうこう）

d 方向（ほうこう）

III ①じょう ②こ ③こう

④岸 ⑤はんとう

練習2：やってみよう

I ①急な坂道 ②みかん畑

③海岸線が見える

II ①ア● イ● ウ●

②●

3

チャレンジ

例 • 日本には5つの大きな島とその他多くの島がある

• 日本は地震や火山活動が多い。温泉文化が発展している。

• 日本は亜寒帯から亜熱帯まで、さまざまな気候区分に属している

ポイント

①A ②A

③例

④州

⑤例「白」い「水」（お湯）の温「泉」

❶気候 ❷平均 ❸降る ❹量る

❺列 ❻九州 ❼昔 ❽温泉

練習１：書いてみよう

Ⅰ ①昔 ②降 ③泉 ④均

Ⅱ ①大量，音量，少量

②平日，平和，平等

Ⅲ ①てんこう

②平年，こうすいりょう

③いこう ④行列 ⑤昔

練習２：やってみよう

①九州（の南）

②例 ・暖かい

・島や温泉がある

・昔から外国との交流がある

③例 桜島，屋久島，温泉

④例 ・６月、７月は雨が多い

・６月から７月に向けて平均気温

が３０度近くにまで上がる

・８月は最高気温が３０度以上にな

ることも多い

4

チャレンジ

マダガスカルの首都、位置、面積、人

口、気候、産業、季節など

ポイント

①例 「人」が「立」っている「位」置

②A ③例 「井」戸の周りを「囲」む

④B ⑤B

🖉

❶位置 ❷面積 ❸囲まれる

❹季節 ❺自然 ❻恵まれる

練習１：書いてみよう

Ⅰ ①囲 Aしゅうい Bかこまれる

②置 Aいち Bおく

Ⅱ ①a期限（きげん）

b季節（きせつ）

c危険（きけん）

②a石油（せきゆ）

b面積（めんせき）

c出席（しゅっせき）

Ⅲ ①面して ②つもって

③いちい ④まじめ

⑤画面，ちょうせつ ⑥しき

⑦節約 ⑧全然

練習２：やってみよう

① （省略）

② （省略）

コラム

●都道府県の名前

①B ②C ③A

第7課

だい か

1

チャレンジ

例・子どもたちにスポーツを教える
　　こ　　　　　　　　　　　　　　おし

・一人暮らしのお年寄りの家を掃除す
　ひとりぐ　　　　としよ　　いえ　そうじ
　る

・おしゃべりをする

・夏祭りの準備の手伝い（出店、テン
　なつまつ　じゅんび　てつだ　　でみせ
　ト、駐車場）
　　　ちゅうしゃじょう

ポイント

①A　　②A　　③どう　　④A

✎

❶地域　　❷簡単　　❸指導　　❹自宅

❺程度　　❻係　　❼本当

練習1：書いてみよう
　れんしゅう　　か

Ⅰ　指，程

Ⅱ　①例 道，動，堂，導，（働）

　　②例 低，定，程，庭

Ⅲ　①例 地域，全域，区域

　　②例 自宅，帰宅，住宅

Ⅳ　①かんけい　　②あたった

　　③当然　　④たんとうしゃ

　　⑤指

練習2：やってみよう
　れんしゅう

①例・子どものための活動にかかわりた
　　　こ　　　　　　　かつどう
　　　い人

　　・地域の人と交流をしてみたい人
　　　ちいき　ひと　こうりゅう　　　ひと

②　（省略）
　　しょうりゃく

2

チャレンジ

しゅうしょく：G就職

ほうこく：H報告

みなさん：E皆さん

ひさしぶり：D久しぶり

しゅうしょく：G就職

きまりました：B決まりました

かんけい：C関係

せまい：A狭い

つま：F妻

みなさん：E皆さん

ポイント

①B　　②B　　③B

④例 犬，四つ足の動物，けもの

✎

❶就職　　❷報告　　❸皆さん

❹久しぶり　　❺決める　　❻関係

❼狭い　　❽妻

練習1：書いてみよう

I ①a 快　b 決

②a 皆　b 混

II ①例 職員，職人，職場

②例 報告，広告

III ①しゅうしょく，報告　②関係

③せまい　　④けっして

練習2：やってみよう

例 ご家族の皆さんへ

お久しぶりですが、皆さん、お変わり
ないでしょうか。就職が決まったときに
お会いして以来ですね。

今日は皆さんにご報告があります。実
は、来月、結婚することになりました。
妻とは、交流会で知り合って、今は貿易
関係の仕事をしています。ぜひ、妻を紹
介したいと思いますので、久しぶりにお
会いできませんか。

先週、2人で住む家も決まりました。
新しい住所をお知らせします。狭いとこ
ろですが、お近くにいらした際は、ぜひ
お立ち寄りください。

〒XXX-XXXX

東京都△区○○ 1-2-3

南北ハイツ 220

呉勇より

❸

チャレンジ

①D　　⑤C　　⑧A　　⑩B

ポイント

①A　②A

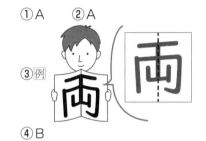

③例

④B

✏️

❶折る　❷裏　❸横　❹角

❺両側　❻完成

練習1：書いてみよう

I 横，側，折，完

II ①例 家，安，定，空，室，寒，字，究，
害，守，寝，察，宅，完
（院，館，割，額）

②例 六，京，高，市，夜，交，卒，
裏（校，涼，較，刻，就）

III ①例 両親，両側，両替，両足，両目，
両耳

②例 完成，作成，成長

IV ①しゃりょうつうこうどめ

②うらおもて　③角度

練習2：やってみよう
れんしゅう

（省略）
しょうりゃく

4

チャレンジ

（省略）
しょうりゃく

ポイント

①例

②火　　③B

④例　木＋支（4課1），「木」の「支」
き　し　か　　　き　　し
　　店は「枝」
　　てん　えだ

⑤とう／ず

✏️

❶焼く　　❷蒸す　　❸巻く　　❹挟む

❺盛ん　　❻干す　　❼屋根　　❽枝

❾豆

練習1：書いてみよう
れんしゅう　　か

Ⅰ　①a頭　b豆

　　②a銀　b限　c根

Ⅱ　①巻く　　②干す　　③焼く

　　④蒸す　　⑤挟まれる

Ⅲ　①蒸し暑い　　②もる　　③焼肉

④とうふ　⑤ね

⑥じゅっかん／じっかん

練習2：やってみよう
れんしゅう

①鯵の干物　　②焼き鳥盛り合わせ
あじ　ひもの　　　　や　とりも　あ

③肉豆腐
にくどうふ

コラム

●①～⑦はどの料理でしょうか。
りょうり

①d　　②b　　③g　　④c

⑤a　　⑥e　　⑦f

第8課.....................................
だい　　か

1

チャレンジ

①Ⓑ　　②Ⓐ

ポイント

①例1「日」前は古い
にち　まえ　ふる

②B　　③B　　④えい　　⑤A

✏️

❶旧年　　❷良い　　❸祈る

❹結婚式　　❺祝う　　❻永遠

❼幸せ

練習1：書いてみよう

I 結, 婚

II ①a祝　b神　c祈

　　②a旧　b晴　c昔

III ①結ぶ

　　②けっこん, 末永く, 幸せ

　　③せいしき　　④こううん

　　⑤きゅうれき

練習2：やってみよう

I 例 ご結婚おめでとうございます

　　末永くお幸せに！

II 例 明けましておめでとうございます

　　旧年中は大変お世話になりました

　　本年も良い一年になりますよう

　　お祈り申し上げます

2

チャレンジ

（省略）

ポイント

①D

②例「女」の人が「怒」って、「又」
　（手）でたたく。

③A　　④B

✎
❶お皿　❷失敗　❸怒る

❹感じる　❺残念　❻覚える

❼迷う　❽絶対

練習1：書いてみよう

I ①例 歯, 齢, 類, 数, 迷

　　②例 盛, 温

II ①残念, 残業, 授業

　　②安心感, 感動, 動物, 物価, 価格

III ①しっぱい　②絶対　③さめた

　　④かんそう　⑤めいわく

　　⑥うしなった　⑦だいじょうぶ

練習2：やってみよう

I ①例 そうなんだ。私も楽しみにし

　　　　ていたから、残念。

　　②例・すごくよかったよ。とても感

　　　　動した！

　　　・おめでとう！

　　　・おつかれ様〜

　　③例 絶対大丈夫だよ。頑張ってね。

II （省略）

3

チャレンジ

（省略）

ポイント

①A

②例 「恥」ずかしいと「耳」が赤くなる
　　　は　　　　　　みみ　　あか

③B

✏️

❶恋人　　❷悩む　　❸恥ずかしい

❹優しい　　❺泣く　　❻笑う　　❼彼

❽〜君　　❾実は

練習1：書いてみよう
　れんしゅう　　か

I　①笑　Aわらう　Bえがお

　　②恋　Aしつれん　Bこいびと

II　①a渡　b流　c泣

　　②a悩　b慣　c忙

　　③a簡　b第　c笑

III　①彼女, やさしい

　　②恥ずかしがり屋　　③実際

練習2：やってみよう
　れんしゅう

I　①例 失恋しちゃった。
　　　　 しつれん

　　②例 あ、笑った。かわいいね。
　　　　　　 わら

　　③例 ショウ君、優しいねえ。
　　　　　　　 くん　やさ

　　④例 わあ、恥ずかしい……。
　　　　　　　　　 は

　　⑤例 絶対、泣かない！
　　　　　 ぜったい　な

　　⑥例 一人で悩まないで。
　　　　　 ひとり　なや

II　（省略）
　　 しょうりゃく

4

チャレンジ

（省略）
 しょうりゃく

ポイント

①A　　②A

③例 「悲」しいとき「心」が「非」常事態
　　　　 かな　　　　 こころ　ひ　じょうじ たい

④A　　⑤B

✏️

❶曲　　❷贈る　　❸悲しい　　❹涙

❺愛　　❻喜ぶ　　❼夢　　❽抱く

❾吹く

練習1：書いてみよう
　れんしゅう　　か

I　①a贈　b賃　c費　d貨

　　　パーツの意味：貝＝お金

　　②a抱　b払　c指　d折

　　　パーツの意味：扌＝手

II　①例 想, 恵, 愛, 念, 感, 怒, 恋,

　　　　 悲

　　②例 飲, 歌, 吹

III　①曲がる　　②さくし, さっきょく

　　③悲しくて, 涙

　　④愛してる　　⑤れんあい

　　⑥よろこんで　　⑦むちゅう

練習2：やってみよう

Ⅰ　1位　愛を贈りたいから

　　2位　夢

　　3位　抱きしめて

Ⅱ　（省略）

読み方に気をつけよう１......

Q 読んでみよう

①かっこく　　②あんぴ

③だんせい　　④にっき

⑤ひつよう　　⑥しつれん

⑦しっぱい　　⑧はつでん

⑨はっけん　　⑩しゅっしん

第９課...............................

🖊

❶未来　　❷満足　　❸必要

❹超える　❺禁止　　❻不可

❼経済　　❽中級　　❾目的

練習1：書いてみよう

Ⅰ　①a禁　b祭　②a起　　b超

Ⅱ　①B，E

　　②B，C，E，F，I，J

　　③G，H

　　④A，D

　　⑤B，E，F，J

Ⅲ　①じゅうよう　②ふまん

　　③済んだ　④まんいんでんしゃ

練習2：やってみよう

Ⅰ　①（1）Ｄ　　（2）Ａ　　（3）Ｇ

　　②Ｈ 返さなければならない書類

　　　Ｉ 折ったり曲げたりしてはいけ

　　　ない書類

Ⅱ　①9/19（土）の説明会

　　②予約する

① チャレンジ

（省略）

ポイント

①B　　②A　　③神様

④例 長い「糸」を上っていく（レベル

　　〈級〉アップ），右のパーツ「及」は

　　階段のイメージ

⑤B

② チャレンジ

①【生】せい　②【官】かん

③【申】しん　④【長】ちょう

⑤【分】ふん　⑥【付】ふ

⑦【反】はん／ばん　⑧【主】ちゅう　④Ｃ　⑤こめ

ポイント

①Ａ　②弓
　　　ゆみ
　　　③Ａ　④Ｃ

✏

❶星　❷警官　❸伸びる　❹出張

❺粉　❻切符　❼板　❽柱

練習１：書いてみよう
れんしゅう　か

Ⅰ　①板　②伸　③粉　④張

　　⑤柱

Ⅱ　①例 暑，姓　②例 伸，祈，祝

Ⅲ　①せいざ　②けいさつかん

　　③かふんしょう　④がんばって

練習２：やってみよう
れんしゅう

①かん　②しん　③ちょう

④ふ　⑤ふん　⑥はん

3

チャレンジ

Ⅰ　（省略）
　　　しょうりゃく

Ⅱ　①Ａ　②Ｂ　③Ａ　④Ｂ

　　⑤Ｂ

ポイント

①てん　②羽，羽　③Ｂ

✏

❶〜枚　❷〜杯　❸〜個　❹〜点

❺〜匹　❻〜羽　❼〜冊　❽〜軒

❾〜粒

練習１：書いてみよう
れんしゅう　か

Ⅰ　①ａ札　ｂ杯　ｃ標

　　②ａ点　ｂ蒸　ｃ然

Ⅱ　＜ゴ＞語，午

　　＜コ＞個，庫，湖、古，故

　　＜コウ＞候，校，交，公

Ⅲ　①けってん

　　②こじんりょこう，りてん

　　③羽　④まいすう

練習２：やってみよう
れんしゅう

Ⅰ　①Ｂ　②Ａ　③Ｂ　④Ａ

　　⑤Ｃ

Ⅱ　①Ⓐ　②Ⓔ　③Ⓘ

4

チャレンジ

①Ｂ　②Ｃ　③Ｄ　④Ａ

⑤Ｅ　⑥Ｇ　⑦Ｆ　⑧Ｈ

ポイント

①耂，年老いた　　②ネ：神様

③A　　④B

✏️

❶老後　❷若い　❸晩　❹腕

❺幸福　❻仲間　❼猫　❽馬

❾泥棒

練習1：書いてみよう

Ⅰ　①腕　　②福

Ⅱ　①a 者　b 考　c 老

　　②a 験　b 駐　c 駅　d 馬

　　③a 神　b 福，祈

Ⅲ　①例 鳥　　②例 犬，牛，猫，馬

　　③例 貝，魚

Ⅳ　①わかもの　　②晩ご飯　　③仲

　　④ぼう

練習2：やってみよう

Ⅰ　①C　　②A　　③B

　　④D　　⑤F　　⑥E　　⑦G

Ⅱ　例・生き馬の目を抜く

　　　・鬼に金棒

　　　・足が棒になる

　　　・腕が鳴る

　　　・猿も木から落ちる

　　　・猫の目のように変わる

コラム

●動物の漢字は形をもとに作られたもの

　が多いよ！

①亀（かめ）　　②象（ぞう）

第10課............................

1

チャレンジ

（省略）

ポイント

①あん　　②A　　③A

✏️

❶案内　❷仏像　❸緑　❹景色

❺沈む　❻訪れる　❼咲く

❽散歩　❾商店

練習1：書いてみよう

Ⅰ　①a 決　b 況　c 沈

　　②a 送　b 咲　c 関

Ⅱ　①例 商店，商業，商品，商社

　　②例 風景，光景，夜景，絶景

　　　　景色，景気

Ⅲ　①りょくちゃ　　②散って

　　③あん　　④ちらかって

　　⑤ぶっきょう

練習2：やってみよう

I （省略）

II （省略）

2

チャレンジ

（省略）

ポイント

① 例 「宿」に「人」が「百」人泊まっている

② はく　③ C　④ B　⑤ A

✏️

❶ 宿題　❷ 泊まる　❸ 客

❹ 浴びる　❺ 迎える　❻ 喫茶店

❼ 煙　❽ 選ぶ　❾ 戻る

練習1：書いてみよう

I　① 浴　A にゅうよく　B あびる

　　② 選　A えらぶ　B せんしゅ

II　① a 吹　b 呼　c 喫

　　② a 焼　b 煙　c 畑

III　① 乗客, 観客, 観光

　　② 一泊, 宿泊, 宿題, 問題

IV　① 戻して　② やど

練習2：やってみよう

B

3

チャレンジ

I　① 出発地と到着地、行きと帰りの日にちを入力してチケットの種類を選ぶ。

　　② 例 ・出発、到着のバス停名とその時間

　　　・乗車するバスの番号と、席の番号

　　　・席を利用する人数

II　例 ・NGY 鉄道の全線で土曜日と休日に一日だけ使えるフリー（無料）乗車券

　　・美術館の割引チケットもついている

ポイント

① B　② イ, 移動する

③ 例 建物の真ん「中」に「人」が立っている

④ A　⑤ B

✏️

❶ 片道　❷ 往復　❸ 中央　❹ 座る

❺ 窓　❻ 券　❼ 有効

練習1：書いてみよう

I ①a空　b窓　c究

　　②a庫　b座　c庭

II ①例 片道，片手，片足，片目，

　　　　片方

　　②例 乗車券，特急券，座席指定券，

　　　　入場券，食券

III ①復習　②まどぐち

　　③かいふく　④ざせきしてい

　　⑤きいて

練習2：やってみよう

I ①例 座席を選ぶ

　　②B

II ウ

4

チャレンジ

（省略）

ポイント

①こう　②おう　③ちょう　④A

⑤B　⑥A

✏️

❶紅葉　❷黄色　❸頂上

❹美しい　❺船　❻飛ぶ　❼似る

❽呼ぶ

練習1：書いてみよう

I 呼, 船, 頂, 紅, 似

II ＜A＞馬, 猫, 犬　［動物］

　　＜B＞黄, 緑, 赤, 青, 黒, 紅

　　　　［色］

　　＜C＞枝, 根, 葉　［自然］

　　＜D＞辛, 甘　［味］

III ①飛び込む，飛び出す，飛び上がる

　　②呼び込む，呼び出す，呼びかける

IV ①こうちゃ　②にあう

　　③言葉　④ゆうらんせん　⑤は

練習2：やってみよう

I ①B　②C　③A

II （省略）

読み方に気をつけよう2......

Q1 ①B　②A　③A

　　④C　⑤A

Q2 ①・冷める（さめる）

　　　・冷やす（ひやす）

　　②・細い（ほそい）

　　　・細かい（こまかい）

　　③・混ぜる（まぜる）

　　　・混む（こむ）

　　④・降り（おり）

　　　・降って（ふって）

⑤ ・覚めた（さめた）

・覚える（おぼえる）

もう少しやってみよう①......
<ruby>少<rt>すこ</rt></ruby>

Ⅰ ①しんせい　　②せきゆ

③いっこだて　　④げんいん

⑤たいおん　　⑥ねんまつねんし

⑦わりあい　　⑧わる

⑨もっとも

Ⅱ ①かべぎわ　　②はやって

③おばけやしき　　④ついで

⑤たっした　　⑥つらなって

⑦せきせつ　　⑧えられた

⑨つらい　　⑩ぶんかつ　　⑪くら

⑫ちち　　⑬こごえる

⑭ふたたび　　⑮のぞんで

もう少しやってみよう②......
<ruby>少<rt>すこ</rt></ruby>

Ⅰ ①はく　　②つねに　　③きざむ

④こころよく　　⑤だいひょう

⑥あらわれた　　⑦さっそく

⑧ごだんかいひょうか

⑨あらためて　　⑩かいせい

⑪けいゆ　　⑫しゅしょう

⑬ささえ　　⑭しょうひ

⑮おさめた　　⑯しょうにか

⑰きづく　　⑱ざっかや

⑲かつよう　　⑳おちつく

㉑ついやして

　　解答

Ⅱ ①いとなんで　②きしょうじかん

　③たぼう　④たった　⑤ひたい

Ⅱ ①かかわる　②なりたたない

　③つの　④ぜんしょう, さいわい

　⑤ごうかくきがん　⑥ひかんてき

　⑦ほうふ　⑧かかえた

　⑨いだいて　⑩みのって

　⑪いかり, どなって　⑫たえる

もう少しやってみよう③……
すこ

Ⅰ ①やくして　②りそう

　③しょめい　④でんぱ

　⑤らんぼう　⑥あばれて

　⑦はなたば　⑧しんしつ

　⑨ふせぐ　⑩おぼうさん

　⑪ひらがな　⑫たいら

　⑬おもしろい　⑭てんねん

　⑮ちえ　⑯ほどうきょう

　⑰いずみ

Ⅱ ①あやうく　②けわしい

　③ほしゅてき　④さらに

　⑤ふける　⑥せいしんてき

　⑦くらい　⑧おんけい

　⑨ふしめ

もう少しやってみよう⑤……
すこ

Ⅰ ①のき　②てっぱん

　③としおいた　④ふけて

　⑤じゃっかんめい　⑥ほとけ

　⑦ほうもん　⑧たずねた

　⑨ゆかた　⑩はへん

　⑪どうそうかい　⑫こきゅう

　⑬おいしくて

Ⅱ ①みちて　②るいじひん

もう少しやってみよう④……
すこ

Ⅰ ①さして　②えいきゅう

　③つく　④ふさい

　⑤うせつきんし　⑥そくめん

　⑦じょうはつ　⑧りょうこう

　⑨すぐれて　⑩はじ　⑪み

　⑫かんかく　⑬やぶれた

第6課
だい　　　か

地図を広げる
ちず　　ひろ

行き方を確認する

● 交流会の会場までの地図を見ています。駅から会場までどうやって行きますか。

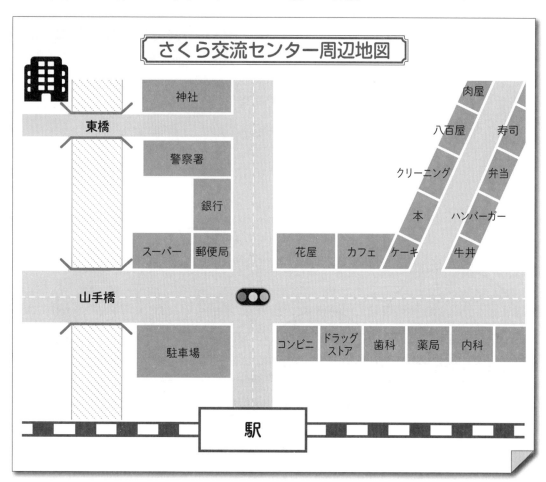

さくら交流センター周辺地図

神社	肉屋
東橋	八百屋 / 寿司
警察署	クリーニング / 弁当
銀行	本 / ハンバーガー
スーパー / 郵便局	花屋 / カフェ / ケーキ / 牛丼
山手橋	
駐車場	コンビニ / ドラッグストア / 歯科 / 薬局 / 内科
駅	

181	周	読み方	シュウ　まわ-り
		ことば	周り　周辺 まわ　　しゅうへん
		例文	家の周りを散歩する。／○○駅周辺のホテルを探す。 いえ　まわ　　さんぽ　　　　　　　えき へん　　　　　　　　さが

182	郵	読み方	ユウ
		ことば	郵便局　郵送 ゆうびんきょく　ゆうそう
		例文	郵便局で荷物を送る。／書類を郵送する。 ゆうびんきょく　にもつ　おく　　　しょるい　　そう

183	警	読み方	ケイ
		ことば	警察　警報 けいさつ　けいほう
		例文	父は警察官だ。／大雨警報が出ている。 ちち　けいさつかん　　おおあめ ほう　で

184	察	読み方	サツ
		ことば	警察　診察 けいさつ　しんさつ
		例文	警察は、犯人は若い男とみて調べを進めています。 けい　　はんにん　わか おとこ　　　しら　　すす

185	署	読み方	ショ
		ことば	警察署　消防署　署名 けいさつしょ　しょうぼうしょ　しょめい
		例文	駅前に消防署がある。 えきまえ　しょうぼう

186	橋	読み方	はし　キョウ
		ことば	橋　歩道橋 はし　ほどうきょう
		例文	橋を渡る。 わた

187	神	読み方	ジン　かみ　シン
		ことば	神社　神様 じんじゃ　かみさま
		例文	神社にお参りする。／神様に祈る。 じゃ　まい　　　　　　さま　いの

188	駐	読み方	チュウ
		ことば	駐車場　駐車　駐輪場 ちゅうしゃじょう　ちゅうしゃ　ちゅうりんじょう
		例文	駐車場を探す。／ここは駐車禁止だ。／駐輪場に自転車を止める。 しゃじょう さが　　　　　　　しゃきんし　　　りんじょう じてんしゃ と

✎ ❶まわり ＿＿＿＿＿＿＿＿＿＿＿＿　❷ゆうびんきょく ＿＿＿＿＿＿＿＿＿＿＿＿

❸けいさつしょ ＿＿＿＿＿＿＿＿＿＿　❹はし ＿＿＿＿＿＿＿＿＿＿＿＿＿＿＿

❺じんじゃ ＿＿＿＿＿＿＿＿＿＿＿＿　❻ちゅうしゃじょう ＿＿＿＿＿＿＿＿＿＿

Ⅰ. □□のパーツと①、②どちらかのパーツを組み合わせて、漢字を作ってください。
く あ かんじ つく

| 垂 完 方 艮 者 祭 音 僉 |

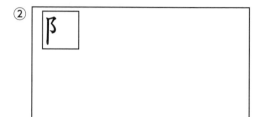

Ⅱ. 次の読み方の漢字を書いてください。
つぎ よ かた かんじ か

① シン

② シュウ

Ⅲ. _____の漢字をひらがなで、ひらがなを漢字で書いてください。
かんじ かんじ か

① 来月、〇〇神社で秋祭りが行われる。

② 書類を郵送する。

③ 消防署の角を右に曲がる。
かど ま

④ 大雨けいほうが出て、はしが通行止めになった。

⑤ 駅しゅうへんは駐輪禁止のところが多い。
りん

⑥ 神様に祈る。
いの

練習2	やってみよう

れんしゅう

◯ **体育館へ行くため、駅で案内板を見ています。**
たいいくかん い えき あんないばん み

駅からどうやって行きますか。
えき い

_____

第6課 **1** 99

第6課 ②
観光マップを見よう

琵琶湖に旅行に行くことになりました。琵琶湖とその周辺に何がありますか。

琵琶湖周辺観光マップ

竹生島

宝厳寺

五重石塔

三重塔

彦根城

コスモス畑

彦根城エリア

彦根港

観光船乗り場

彦根城

表門

彦根観光
センター

湖岸を走るサイクリングコースが人気。
晴れた日には湖に浮かぶ島が見える。

表門から入って、「表坂」と呼ばれる
坂道を上っていくと城がある。

189	観	読み方	カン
		ことば	観光　観察 かんこう　かんさつ
		例文	この町は観光で訪れる人が多い。／星空を観察する。 まち　こう　おとず　ひと　おお　　ほしぞら　　さつ

ポイント：どっちがいい？

① A 観　B 観

190	湖	読み方	コ　みずうみ
		ことば	湖　～湖 みずうみ　こ
		例文	日本で一番大きい湖は琵琶湖です。 にほん　いちばんおお　　　　びわ

ポイント：共通の読み方は？

② 湖・故
きょうつう　よ　かた

[　　　　　]

191	島	読み方	トウ　しま
		ことば	島　半島　列島 しま　はんとう　れっとう
		例文	船で島に渡る。／紀伊半島は日本最大の半島だ。 ふね　わた　　きいはん　にほんさいだい　はん

ポイント：どっちがいい？

③【しま】

A 鳥　B 島

192	港	読み方	コウ　みなと
		ことば	港　空港　～港 みなと　くうこう　こう
		例文	港から船が出る。／空港に友達を迎えに行く。 みなと　ふね　で　　くう　　ともだち　むか　　い

ポイント：どっちがいい？

④ A 港　B 港

193	岸	読み方	ガン　きし
		ことば	海岸　岸 かいがん　きし
		例文	海岸で遊ぶ。／湖の岸に鳥が集まっている。 かい　あそ　　みずうみ　とり　あつ

194	坂	読み方	さか　ハン
		ことば	坂 さか
		例文	この坂を上ると、公園があります。 のぼ　　こうえん

195	畑	読み方	はたけ　はた
		ことば	畑　～畑 はたけ　ばたけ
		例文	山の北側に畑が広がっています。／ラベンダー畑で写真を撮る。 やま　きたがわ　　ひろ　　　　　　　　しゃしん　と

ポイント：どうやって覚える？
おぼ

⑤ 畑

196	城	読み方	ジョウ　しろ
		ことば	城　～城 しろ　じょう
		例文	姫路城は美しい城として有名だ。 ひめじ　うつく　　　　　ゆうめい

197	塔	読み方	トウ
		ことば	塔 とう
		例文	この塔は1300年前に建てられました。 ねんまえ　た

❶かんこう ＿＿＿＿＿＿　❷みずうみ ＿＿＿＿＿＿　❸しま ＿＿＿＿＿＿

❹みなと ＿＿＿＿＿＿　❺かいがん ＿＿＿＿＿＿　❻さか ＿＿＿＿＿＿

❼はたけ ＿＿＿＿＿＿　❽おしろ ＿＿＿＿＿＿　❾とう ＿＿＿＿＿＿

Ⅰ．A、B、Cのパーツを組み合わせて、_____に入る漢字を作ってください。
く あ はい かんじ つく

A ｜ シ　山　土 ｜ 　B ｜ 艹　厂　古 ｜ 　C ｜ 月　合　干 ｜

① _____ で泳ぐ。

② 海_____ を歩く。

③ 高い_____ に登る。

Ⅱ．□に同じ読み方の漢字を入れて、（　　）に読み方も書いてください。
おな よ かた かんじ い よ かた か

① a ｜□｜ 字　　b ｜□｜ 察　　c 習 ｜□｜　　d 週 ｜□｜ 誌

（　　　　　）　（　　　　　）　（　　　　　）　（　　　　　）

② a 学 ｜□｜　　b ｜□｜ 通　　c 空 ｜□｜　　d 方 ｜□｜

（　　　　　）　（　　　　　）　（　　　　　）　（　　　　　）

Ⅲ．_____の漢字をひらがなで、ひらがなを漢字で書いてください。
かんじ かんじ か

① 名古屋城を見学する。
　なごや

② 河口湖へ遊びに行く。
　かわぐち

③ 横浜港から上海行きの船が出発した。
　よこはま　　　　しゃんはい

④ 川のきしで釣りをする。
　　　　　　っ

⑤ イタリア半島はブーツのような形をしている。
　　　　　　　　　　　　　　　　かたち

Ⅰ ハイキングに行くので、ハイキングコースの地図を見ています。
　　　　　　　　い　　　　　　　　　　　　　　　　ちず　み

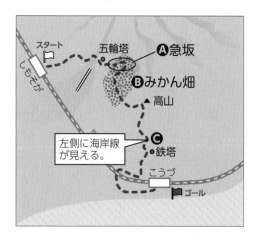

① Ⓐはどんな道ですか。
　　　　　　　みち

_____

② Ⓑには何がありますか。
　　　　　なに

_____

③ Ⓒの場所から何が見えますか。
　　　ばしょ　なに　み

_____

Ⅱ 愛媛県に来ました。地図を見て、どこに行くか考えています。
　　えひめけん　き　　　　ちず　み　　　　　い　　かんが

① 次の場所に行きたいです。地図の A 〜 H のどこですか。
　つぎ　ばしょ　い　　　　　　　ちず

ア　　　　　　　　　　　イ　　　　　　　　　　　ウ

（　　　）　　　　　　（　　　）　　　　　　（　　　）

② G 行きの船はどこから乗れますか。　（　　　）
　　ゆ　ふね　　　　　　の

日本の地理について知ろう
にほん ちり し

● 日本のガイドブックを読んでいます。何がわかりますか。
にほん よ なに

■ 日本列島

日本列島は、北海道・本州・四国・九州・沖縄本島の大きな島とその他多くの島々から成る。

■ 日本列島と火山

日本は世界有数の地震や火山活動の多い国で、108の火山がある。火山地域ならではの利用も盛んで、昔から温泉文化が発展し、地熱発電や、特色ある景観を利用した観光地開発が行われている。

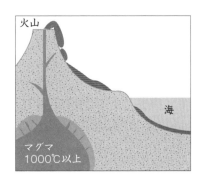

■ 日本の気候

日本列島は南北に長いため、北は亜寒帯から南は亜熱帯まで、さまざまな気候区分に属している。

＜日本の月別平均降水量と月別平均気温＞

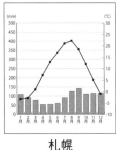
札幌

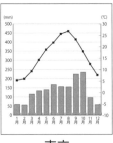
東京

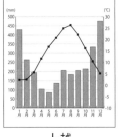
上越

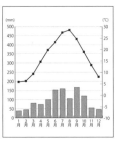
高松

198	候	読み方	コウ
		ことば	気候　天候
		例文	気候は地域によって違う。／悪天候のため、試合は中止された。

199	平	読み方	ヘイ　ビョウ　たい-ら　ひら
		ことば	平均　平年　平日　平和　平等　平ら　平仮名
		例文	今年は平年より暑かった。／平和を願う。／平等に分ける。

200	均	読み方	キン
		ことば	平均
		例文	世界の平均気温は上がり続けている。

201	降	読み方	コウ　お-りる　ふ-る　お-ろす
		ことば	降る　降りる　降水量　〜以降
		例文	雪が降る。／バスを降りる。／出来上がりは5時以降です。

202	量	読み方	リョウ　はか-る
		ことば	降水量　量　大量　量る
		例文	今年は降水量が多かった。／大量のごみを捨てる。／重さを量る。

203	列	読み方	レツ
		ことば	日本列島　列　行列
		例文	列に並ぶ。／店の前に行列ができている。

204	州	読み方	シュウ　す
		ことば	本州　九州　中州
		例文	本州は日本列島の中央にある最大の島です。

205	昔	読み方	むかし　セキ　シャク
		ことば	昔　昔話
		例文	この辺りは昔、海でした。／昔話を聞く。

206	泉	読み方	セン　いずみ
		ことば	温泉　泉
		例文	別府は有名な温泉地の1つです。

読める	温帯

✏️
❶きこう ＿＿＿＿＿＿＿＿＿　❷へいきん ＿＿＿＿＿＿＿＿＿

❸ふる ＿＿＿＿＿＿＿＿＿　❹はかる ＿＿＿＿＿＿＿＿＿

❺れつ ＿＿＿＿＿＿＿＿＿　❻きゅうしゅう ＿＿＿＿＿＿＿＿＿

❼むかし ＿＿＿＿＿＿＿＿＿　❽おんせん ＿＿＿＿＿＿＿＿＿

練習1	書いてみよう

Ⅰ. AとBのパーツを組み合わせて、＿＿＿に入る漢字を作ってください。

A｜土　白　阝　丰｜　　　B｜水　日　匀　夅｜

① ＿＿＿＿話を読む。　② 電車を＿＿＿＿りる。　③ 温＿＿＿＿に入る。

④ 5月になると平＿＿＿＿気温が20度ぐらいになる。

Ⅱ. □に漢字を1つ入れて、言葉を作ってください。

Ⅲ. ＿＿＿の漢字をひらがなで、ひらがなを漢字で書いてください。

① 花火大会は、天候が悪ければ、中止になる場合もあります。

② 今年はへいねんに比べ、降水量が多い。

③ この寮では、午後11時以降の外出は禁止されている。

④ あの店の前にはいつもぎょうれつができている。

⑤ この地域はむかしから漁業が盛んです。

● 鹿児島のガイドブックを読んでみましょう。
　 か　ごしま　　　　　　　　　　　　　　よ

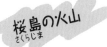

鹿児島基本情報
か　ごしま

　鹿児島県は、九州の南に位置し、温暖な気候に恵まれた県で
　か　ごしま
す。雄大な桜島や世界遺産の屋久島、あちらこちらから湧き出
　　　　さくらじま　　　　　　　や　くしま
る温泉、…………………………………………

　昔から交易の中心地として栄え、鉄砲やキリスト教が伝わっ
た地としても知られ…………………………………

温泉王国！
3つの温泉地がある

桜島の火山
さくらじま

1914年に陸続きに！
1914年の大噴火で半島とつながった。

<季節ごとの気候>

■春（3・4・5月）
3月は平均気温は14度前後です。5月
になると平均気温が20度を超えます。
………

■夏（6・7・8月）
6月や7月は梅雨入りで降水量が多く、
一年で最も多く雨が降る時期です。平
均気温は6月から7月に向けて30度近
くにまで上がります。8月はかなり暑く
最高気温が30度以上になることも多い
です。

■秋（9・10・11月）

① 鹿児島県は日本のどの地方にありますか。　＿＿＿＿＿＿＿＿＿＿＿＿＿＿
　 か　ごしまけん　にほん　　　　　　ちほう

② どんなところですか。　＿＿＿＿＿＿＿＿＿＿＿＿＿＿＿＿＿＿＿

③ 何が有名ですか。　＿＿＿＿＿＿＿＿＿＿＿＿＿＿＿＿＿＿＿＿＿
　 なに　ゆうめい

④ 夏の天気はどうですか。　＿＿＿＿＿＿＿＿＿＿＿＿＿＿＿＿＿＿＿
　 なつ　てんき

第6課 **4**

出身地について書いてまとめよう

⚪ 交流会で出身地について紹介します。今、他の発表者のポスターを見ています。
何が書いてありますか。

マダガスカル

アンタナナリボ

首都	アンタナナリボ
位置	アフリカ大陸の東
面積	587,295km^2
人口	2,843万人（2021年現在）
気候	熱帯性気候
産業	農業
	（バニラ、コーヒー豆、砂糖など）

マダガスカルはアフリカ大陸の東に位置する島国で、周りを海に囲まれています。

面積は約587,000km^{2}で、世界で4番目に大きな島です。

アイスクリームなどに使われるバニラビーンズの生産量は世界1位です。

島の東側は雨季（11月～4月）と乾季（5月～10月）の二つの季節があります。

東側は雨が多いですが、南西部と南部は雨量が非常に少なく乾燥しています。

マダガスカルは自然に恵まれ、観光の名所もたくさんあります。

＜マダガスカルを代表する動植物＞

バオバブの木

ワオキツネザル

207	位	読み方	イ くらい	
		ことば	位置 〜位 順位	
		例文	マラソン大会で1位になった。／順位を決める。	
208	置	読み方	チ お-く	
		ことば	位置 置く	
		例文	この国はアジアの西に位置している。／荷物を置く。	
209	面	読み方	メン おも おもて つら	
		ことば	面積 面する 画面 ＜真面目＞ 面白い	
		例文	神戸は海に面した町だ。／スマホの画面が割れた。／真面目に働く。	
210	積	読み方	セキ つ-む つ-もる	
		ことば	面積 積もる 積む	
		例文	この国の面積は約50万㎢だ。／雪が積もる。／経験を積む。	
211	囲	読み方	イ かこ-む かこ-う	
		ことば	囲まれる 周囲 雰囲気	
		例文	富良野はラベンダー畑が有名な周囲を山に囲まれた町だ。	
212	季	読み方	キ	
		ことば	季節 四季 雨季	
		例文	私の国は四季がはっきりしている。／雨季になった。	
213	節	読み方	セツ セチ ふし	
		ことば	季節 節約 調節	
		例文	秋は旅行の季節だ。／食費を節約する。／いすの高さを調節する。	
214	然	読み方	ゼン ネン	
		ことば	自然 全然 天然ガス	
		例文	平戸市は自然が多く歴史がある町だ。／最近いいことが全然ない。	
215	恵	読み方	めぐ-む ケイ エ	
		ことば	恵まれる 知恵	
		例文	この町は川が多く、きれいな水に恵まれている。	

ポイント：どうやって覚える？
① 💡 位

ポイント：どっちがいい？
② A 置　B 置

ポイント：どうやって覚える？
③ 💡 囲

ポイント：どっちがいい？
④ 【き節】　A 李　B 季

ポイント：どっちがいい？
⑤ A 然　B 然

読める	熱帯　大陸
	ねったい　たいりく

✏️

❶いち _____

❷めんせき _____

❸かこまれる _____

❹きせつ _____

❺しぜん _____

❻めぐまれる _____

Ⅰ. □に漢字を1つ入れて、（　）に読み方をひらがなで書いてください。
　　 かんじ い　　　　　　　　　 よ かた　　　　 か

①
A↓ 周
□ まれる
B→
（　　　　　　　）

②
A↓ 位
□ く
B→
（　　　　）

Ⅱ. □に同じ読み方の漢字を入れて、（　）に読み方も書いてください。
　　 おな よ かた かんじ い　　　　　　　 よ かた か

① a □ 限　　　 b □ 節　　　 c □ 険
　　（　　　　　）　（　　　　　　）　（　　　　　　）

② a □ 油　　　 b 面 □　　　 c 出 □
　　（　　　 ゆ）　（　　　　　）　（　　　　　　）

Ⅲ. _____の漢字をひらがなで、ひらがなを漢字で書いてください。
　　　　　 かんじ　　　　　　　　　　　　　 かんじ か

① この町は海にめんしています。

② 雪が積もって、外は真っ白です。

③ スピーチコンテストで1位になった。

④ 彼は真面目な人です。
　 かれ

⑤ スマホのがめんの明るさを調節する。

⑥ 私の国には四季がありません。一年中暑いです。

⑦ お金をせつやくしています。

⑧ 日本の夏がこんなに暑いなんて、ぜんぜん知りませんでした。

● 交流会で出身地について発表することになりました。
　こうりゅうかい　しゅっしんち　　　　　　はっぴょう

　あなたの出身国、地域について、ポスターを作ってみましょう。
　　　　しゅっしんこく　ちいき　　　　　　　　　　つく

① 簡単にメモを作りましょう。
　かんたん　　　つく

位置：

面積：

人口：

気候：

自然：

② 上に書いたことをもとに、ポスターを作りましょう。
　うえ　か　　　　　　　　　　　　　つく

コラム

国や地名の漢字
くに　ちめい　かんじ

● 世界の国や地域の名前
せかい　くに　ちいき　なまえ

みなさんの国の名前を漢字でどう書きますか。ア
くに　なまえ　かんじ　か
メリカやフランスなど、カタカナで書く国名も、昔
か　こくめい　むかし
は読み方の近い漢字を使って表していました。今で
よ　かた　ちか　かんじ　つか　あらわ　いま
も新聞などでは、その中の一文字で国の名前を表す
しんぶん　なか　ひともじ　くに　なまえ　あらわ
ことがあります。さて、これらの漢字はどこの国・
かんじ　くに
地域を表しているでしょうか。
ちいき　あらわ

英　米　仏　独　伊　豪
えい　べい　ふつ　どく　い　ごう

加　印　露　欧州　南米
か　いん　ろ　おうしゅう　なんべい

● 都道府県の名前
とどうふけん　なまえ

① お好み焼きで有名な「ひろしま」はどれ？
　この　や　ゆうめい

　　A 福島　　　B 広島　　　C 鹿児島

② 松阪牛で有名な「みえ」はどれ？
　まつさかうし　ゆうめい

　　A 宮城　　　B 奈良　　　C 三重

③ 温泉で有名な「おおいた」はどれ？
　おんせん　ゆうめい

　　A 大分　　　B 大阪　　　C 沖縄

● よくある町の名前
まち　なまえ

東西南北の漢字は町の名前によく使われています。たとえば、南区、西区、北町、
とうざいなんぼく　かんじ　まち　なまえ　つか　みなみく　にしく　きたまち
東○○市、などですが、その中でも南区は全国で 13 の道府県にあります。
ひがし　し　なか　みなみく　ぜんこく　どうふけん
　また、中村、新田（しんでん、にった、など）、原、本町なども日本でよくある町の
なかむら　しんでん　にった　はら　ほんちょう　にほん　まち
名前です。本町は「ほんちょう」の他に、「ほんまち」「もとまち」と読み方がいろい
なまえ　ほか　よ　かた
ろあります。住んでいるところの近くにこのような地名がありますか。
す　ちか　ちめい

出典・参考：『記者ハンドブック 第 13 版』共同通信社編著（共同通信社）
　　　　　　『宛字外来語辞典』（柏書房）
　　　　　　「Wikipedia 同一名称の市区町村一覧」https://ja.wikipedia.org/wiki,
　　　　　　「帝国書院地図・社会科大好き kids」
　　　　　　https://www.teikokushoin.co.jp/kids/menu1/01_02.html#four（2021 年 6 月検索）

第7課
だい か

世代を超えた交流
せ だ い　　　こ　　　　こうりゅう

ボランティア募集のお知らせ
ぼ しゅう し

● どんなボランティアを募集していますか。
ぼ しゅう

地域のボランティアさん 大募集

私たちの住む地域には、あなたの力を必要とする
ボランティア活動がたくさんあります。
お気軽にボランティアセンターにお話しください。
ぴったりの活動が見つかります！

さくら市　ボランティアセンター

スポーツ
子どもたちへの簡単
なスポーツ指導など

お掃除
一人暮らし高齢者宅
での清掃、庭の草刈り
など

おしゃべり
おしゃべりを通して
交流しませんか？

夏祭り ボランティア 募集

8/10（土）10：00〜17：00（小雨決行）

募集人数：10 名程度

内 容：出店の準備やテントの設営、
駐車場係など

お申込み：NPO 法人さくらら（担当：平田）
03-××××-〇〇〇〇

216	域	読み方	イキ					
		ことば	地域　区域　全域 ちいき　くいき　ぜんいき					
		例文	地域の日本語教室に通う。／遊泳禁止区域で泳いではいけない。 ち　にほんごきょうしつ　かよ　　ゆうえいきんしく　およ					
217	簡	読み方	カン					
		ことば	簡単 かんたん					
		例文	この料理は簡単で、すぐに作れます。 りょうり　たん　　つく					
218	単	読み方	タン					
		ことば	簡単　単語　単に かんたん　たんご　たん					
		例文	テストは思ったより簡単でした。 おも　かん					
219	指	読み方	シ　ゆび　さ-す					
		ことば	指導　指定　指示　指　指す しどう　してい　しじ　ゆび　さ					
		例文	この列車は全席指定席です。／係員の指示のとおりに避難する。 れっしゃ　ぜんせき　ていせき　　かかりいん　じ　　ひなん					
220	導	読み方	ドウ　みちび-く					
		ことば	指導 しどう					
		例文	初心者には丁寧に指導します。 しょしんしゃ　ていねい　し					
221	宅	読み方	タク					
		ことば	お宅　自宅　帰宅　住宅　～宅 たく　じたく　きたく　じゅうたく　たく					
		例文	先生のお宅へ伺う。／受験票が自宅に届く。／ここは住宅が多い。 せんせい　うかが　じゅけんひょう　じ　とど　　じゅう　おお					
222	程	読み方	テイ　ほど					
		ことば	程度 ていど					
		例文	この仕事では、日常会話程度の英語力が必要です。 しごと　にちじょうかいわ　ど　えいごりょく　ひつよう					
223	係	読み方	ケイ　かかり　かか-る　かか-わる					
		ことば	係　関係　係員 かかり　かんけい　かかりいん					
		例文	サークルの会計係にレシートを渡す。／関係者以外立入禁止。 かいけい　わた　　かん　しゃ　がいたちいりきんし					
224	当	読み方	トウ　あ-たる　あ-てる					
		ことば	担当　本当　当日　当時　当然　お弁当　当たる たんとう　ほんとう　とうじつ　とうじ　とうぜん　べんとう　あ					
		例文	担当者と話す。／母が結婚した当時は、育児は女性の仕事だった。 たん　しゃ　はな　　はは　けっこん　じ　いくじ　じょせい　しごと					

ポイント：どっちがいい？
① A 域　B 域

ポイント：どっちがいい？
② A 単　B 単

ポイント：共通の読み方は？
③ 導・道　[＿＿＿＿＿]

ポイント：どっちがいい？
④ A 係　B 係

読める	担当 たんとう

✎ ❶ちいき ＿＿＿＿＿＿　❷かんたん ＿＿＿＿＿＿　❸しどう ＿＿＿＿＿＿

❹じたく ＿＿＿＿＿＿　❺ていど ＿＿＿＿＿＿　❻かかり ＿＿＿＿＿＿

❼ほんとう ＿＿＿＿＿＿

Ⅰ．A、B、Cのパーツを組み合わせて、漢字を作ってください。
　　　　　　く　あ　　　　　かんじ　つく

A ┌──────┐　　B ┌──────┐　　C ┌──────┐
　│ 扌　禾 │　　　│ ロ　ヒ │　　　│ 日　王 │
　└──────┘　　　└──────┘　　　└──────┘

　　　　　　───────　　　───────

Ⅱ．次の読み方の漢字を書いてください。
　　つぎ　よ　かた　かんじ　か

① ┌────────────┐　　② ┌────────────┐
　│ ドウ　　　　　　　│　　　│ テイ　　　　　　　│
　│　　　　　　　　　│　　　│　　　　　　　　　│
　│　　　　　　　　　│　　　│　　　　　　　　　│
　│　　　　　　　　　│　　　│　　　　　　　　　│
　└────────────┘　　　└────────────┘

Ⅲ．□に漢字を1つ入れて、言葉を作ってください。
　　　かんじ　い　　　ことば　つく

① ┌──┐　　　　　　　　② ┌──┐
　│　│＼　　　　　　　　　│　│＼
　└──┘ ↘┌──┐　　　　└──┘ ↘┌──┐
　┌──┐ ↗│域│　　　　┌──┐ ↗│宅│
　│　│＾└──┘　　　　　│　│＾└──┘
　└──┘　　　　　　　　　└──┘

Ⅳ．_____の漢字をひらがなで、ひらがなを漢字で書いてください。
　　　　　　　かんじ　　　　　　　　　　　　　かんじ　か

① 将来は、IT関係の仕事をしたい。　　　② 宝くじが当たった。
　　　　　　かん　　　　　　　　　　　　　　たから　　　＿＿＿

③ 社会のルールを守るのはとうぜんのことだ。　④ 担当者が変わる。
　　　　　　　　　　　＿＿＿＿＿　　　　　　　＿＿＿＿

⑤ 包丁でゆびを切ってしまった。
　ほうちょう　＿＿

● ボランティアの情報を見ています。
じょうほう　み

① このボランティア活動はどんな人向けですか。
かつどう　　　　　　ひと む

学生ボランティアスタッフ募集

児童施設「みさと園」で行われる「みさとフェス」にボランティアスタッフとして参加してみませんか？

子どものための活動にかかわりたい方、
地域の方と交流をしてみたい方、
ご参加お待ちしています！

日時：20＊＊年3月30日（土）9：00〜17：00

場所：みさと園

活動内容：会場準備、ゲーム・工作コーナー担当

定員：10名程度

参加費：300円（ボランティア保険）

申し込み方法：ボランティアセンター窓口にて
　　　　　　　申込書記入

② 興味のあるボランティア活動がありますか。どれですか。
きょうみ　　　　　　　　　　　かつどう

気軽にボランティアをしてみませんか

● みんなの海を
　みんなできれいに！
海岸の清掃活動をします

● 図書館で
　ボランティア
図書の整理や読み聞かせの
お手伝い

● 夏祭りを楽しく
　盛り上げよう！
設営や簡単な調理など

● パソコン指導者募集
高齢者の方（毎回3名程度）
にパソコンを教えます。

お問い合わせ：やなぎボランティアセンター　（担当：大竹）

第7課 ②
だい か

お世話になった人へ
せ わ ひと

● ホームステイをしたときにお世話になった家族にメールを出します。
せ わ かぞく だ

　＿＿＿＿はA～Hのどれに変換されますか。
へんかん

新規メッセージ　　　　　　　　　　　　　　　　_　↙　✕

差出人　****@****.**.**

宛先　　******@****.**

件名　　<u>しゅうしょく</u>の<u>ごほうこく</u>

　　田中さん、ご家族の<u>みなさん</u>

　　<u>おひさしぶり</u>です。お元気ですか。
　　先日、ついに<u>しゅうしょく</u>が<u>きまりました</u>。
　　ずっと応援してくださってありがとうございました。
　　会社は、名古屋にある食品<u>かんけい</u>の会社で、
　　10月から働くことになりました。
　　来月会社の寮に引っ越す予定です。部屋は<u>せまい</u>ようですが、
　　会社に近いし、食事も付いているので安心です。
　　でも、お母さんの手料理がなかなか食べられなくなるので寂しいです。
　　生活が落ち着いたら、国から<u>つま</u>を呼ぶつもりです。
　　名古屋に来る機会があったら、ぜひ遊びに来てください。
　　それでは、またご連絡しますね。
　　<u>みなさん</u>、どうぞお元気で。

　　ラミドゥ

送信　▼　　　A　📎　🔗　☺　🖼　✏　🗄　✉　⋮

A 狭い　　B 決まりました　　C 関係

D 久しぶり　　E 皆さん　　F 妻　　G 就職　　H 報告

225	就	読み方	シュウ ジュ つ-く つ-ける
		ことば	就職 就く
		例文	将来は、日本で就職するつもりです。
226	職	読み方	ショク
		ことば	就職 職業 職人 職員
		例文	スポーツ選手や職人は男子に人気の職業だ。／母は大学の職員だ。
227	告	読み方	コク つ-げる
		ことば	報告 広告 告白
		例文	上司に会議の報告をする。／無料のアプリは広告が多い。
228	皆	読み方	みな カイ
		ことば	皆さん 皆様 皆
		例文	皆さん、お元気ですか。／私たちは皆、元気です。
229	久	読み方	ひさ-しい キュウ ク
		ことば	久しぶり 永久
		例文	久しぶりに中学校のときの友人に会った。
230	決	読み方	ケツ き-まる き-める
		ことば	決まる 決める 決して 決定
		例文	就職が決まる。／予定を決める。／決して忘れない。
231	関	読み方	カン かか-わる せき
		ことば	関係 関心 玄関 税関
		例文	人間関係に悩んでいる。／母は介護関係の仕事をしている。
232	狭	読み方	せま-い キョウ せば-める せば-まる
		ことば	狭い
		例文	東京の家は狭くて家賃が高い。
233	妻	読み方	つま サイ
		ことば	妻 夫妻
		例文	妻と一緒に世界旅行に出かけた。

ポイント：どっちがいい?
① A 就 B 就

ポイント：どれがいい?
② 【就職】
A しゅしょく
B しゅうしょく
C しゅうしょうく

ポイント：どっちがいい?
③ 【皆さん】
A みんなさん
B みなさん

ポイント：どういう意味?
④ 犭 = [　　　]

❶しゅうしょく ＿＿＿＿＿＿＿＿＿＿

❷ほうこく ＿＿＿＿＿＿＿＿＿＿

❸みなさん ＿＿＿＿＿＿＿＿＿＿

❹ひさしぶり ＿＿＿＿＿＿＿＿＿＿

❺きめる ＿＿＿＿＿＿＿＿＿＿

❻かんけい ＿＿＿＿＿＿＿＿＿＿

❼せまい ＿＿＿＿＿＿＿＿＿＿

❽つま ＿＿＿＿＿＿＿＿＿＿

Ⅰ. □に同じパーツを入れて、文を作ってください。
おな い ぶん つく

① a 急いでいたので [忄] 速電車に乗った。

b 来年、結婚することが [シ] まった。
けっこん

② a [白] さん、お久しぶりです。

b 日曜日だったので、遊園地はとても [氵] んでいた。

Ⅱ. □に漢字を1つ入れて、言葉を作ってください。
かん じ い こと ば つく

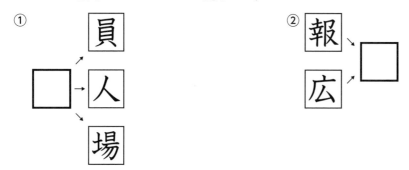

Ⅲ. _____の漢字をひらがなで、ひらがなを漢字で書いてください。
かんじ かんじ か

① 就職のほうこくをした。

② 漫画かんけいの仕事がしたいです。
まん

③ 私の部屋は狭いです。

④ 彼はどんなときも決して諦めなかった。
かれ あきら

⚫ 以前、お世話になった方に進学、結婚などの報告をしましょう。
　　いぜん　　せわ　　　　　かた　しんがく　けっこん　　　ほうこく

```
┌──────────────────────────────┐
│                              │
│ ──────────────────────────── │
│ ──────────────────────────── │
│ ──────────────────────────── │
│ ──────────────────────────── │
│ ──────────────────────────── │
│ ──────────────────────────── │
│ ──────────────────────────── │
│ ──────────────────────────── │
│ ──────────────────────────── │
│ ──────────────────────────── │
│ ──────────────────────────── │
│                              │
└──────────────────────────────┘
```

皆　決　関　狭　就　職　告　久　妻

第7課 ③
だい か
折り紙を折ろう
お がみ お

● 交流会で折り紙をしています。作り方を読んで、⬚から絵を選んでください。
　こうりゅうかい　お がみ　　　　　　　　　　　つく かた よ　　　　　　　　　え えら
　何ができるでしょうか。
　なに

① 裏を上にして縦横に折り
　目をつける。

[　　]

② 三角に折る。
　さらに半分に折る。

③ 上の三角形を開く。

⑥ 左右の三角の下を開く。
　裏も同じように。

⑤ 真ん中の折り目に合わせて両側
　を折る。裏も同じように。

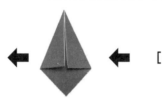 ← [　　] ←

④ 裏返して、同じように。
　開くほうを上にする。

⑦ 1枚めくってから、両側
　　まい
　を中心に折る。
　裏も同じように。

⑧ 上から下に折る。
　他の3枚も同じように。
　ほか

[　　]

⑨ 広げる。

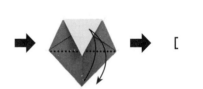

[　　]

⑩ 完成！

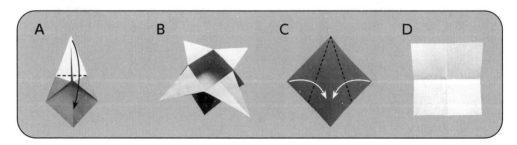

A　　　　　　B　　　　　　C　　　　　　D

234	折	読み方	お-る　お-れる　セツ　おり
		ことば	折る　折り紙　折れる　折りたたみ傘　右折
		例文	折り紙を折る。／骨が折れる。
235	裏	読み方	うら　リ
		ことば	裏　裏表　裏返す
		例文	店の裏にごみを出す。／紙の裏表を確認する。／肉を裏返す。
236	横	読み方	よこ　オウ
		ことば	横　横断歩道
		例文	この荷物は横にしないでください。
237	角	読み方	カク　かど　つの
		ことば	角　三角　方角　角度
		例文	紙を三角に折る。／夕方、西の方角に月が見える。／角度を測る。
238	両	読み方	リョウ
		ことば	両親　両方　両〜　両替　車両
		例文	肉も魚も両方好きだ。／お金を両替する。／先頭車両に乗る。
239	側	読み方	がわ　ソク
		ことば	〜側　側面
		例文	両側を合わせて折ってください。
240	完	読み方	カン
		ことば	完成　完全
		例文	みんなで作った作品が完成した。
241	成	読み方	セイ　じょう　な-る　な-す
		ことば	完成　作成　成長　成功
		例文	レポートを作成した。／子どもが成長するのは早い。

ポイント：どれがいい？
① 【横】
A よこ　　　B ようこ
C ようこう　D よこう

ポイント：どっちがいい？
② A 角　　B 角

ポイント：どうやって覚える？
③ 💡 両

ポイント：どっちがいい？
④ 【裏側】
A うらかわ
B うらがわ

| 読める | 縦 |

✏️ ❶おる ＿＿＿＿＿＿＿＿＿＿＿＿＿　❷うら ＿＿＿＿＿＿＿＿＿＿＿＿＿

❸よこ ＿＿＿＿＿＿＿＿＿＿＿＿＿　❹かど ＿＿＿＿＿＿＿＿＿＿＿＿＿

❺りょうがわ ＿＿＿＿＿＿＿＿＿　❻かんせい ＿＿＿＿＿＿＿＿＿＿

Ⅰ．AとBのパーツを組み合わせて、漢字を作ってください。
　　　　　　　く　あ　　　　かんじ　つく

A　｜ 宀　扌　木　亻 ｜　　　　B　｜ 斤　黄　則　元 ｜

＿＿＿＿＿　＿＿＿＿＿　＿＿＿＿＿　＿＿＿＿＿

Ⅱ．同じパーツがある漢字を書いてください。
　　おな　　　　　　　かんじ　か

① 宀

② 亠

Ⅲ．□に漢字を1つ入れて、言葉を作ってください。
　　　　かんじ　い　　　　ことば　つく

①

両 → □
　 → □

②

□
↓
□ → 成
　　↓
　　□

Ⅳ．＿＿＿＿の漢字をひらがなで、ひらがなを漢字で書いてください。
　　　　　　かんじ　　　　　　　　　　　　かんじ　か

① この先、車両通行止。

② あの人は裏表のない性格だ。

③ さまざまなかくどから物事を見ることは重要だ。
　　　　　　　　　　　　　　　　　　　　　　よう

● **説明を読んで、折ってみましょう。**
　せつめい　よ　　　　　お

① 裏を上にして縦横に　② 三角に折る。　　③ さらに半分に折る。　④ 上の紙を開く。
　折り目をつける。

⑧ 裏返して、同じよう　⑦ 開くほうを下にして、　⑥ 裏返して、同じよう　⑤ このようになる。
　に。　　　　　　　　　真ん中の折り目に合　　に。
　　　　　　　　　　　　わせて両側を折る。

⑨ 上の1枚を広げて、　⑩ 裏返して、同じよう　⑪ 分かれているほうを　⑫ 裏も同じように。
　　　まい　　　　　　　　に。　　　　　　　　　下にして、両側を真
　左右を内側に折る。　　　　　　　　　　　　　ん中に折る。

⑯ 1枚めくる。　　　　⑮ 上を少し下に折る。　⑭ 下から上に折る。　⑬ 1枚めくる。
　　まい　　　　　　　　　　　　　　　　　　　裏も同じように。　　　　まい
　裏も同じように。　　　　　　　　　　　　　　　　　　　　　　　　　裏も同じように。

 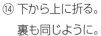

⑰ 羽を開く。　　　　　⑱ 鶴の完成！！
　はね　　　　　　　　　　つる

最後に下から息を吹きこんで
　　　　　　いき　　ふ
ふくらませるといいですよ！

第7課 ４
和食のメニュー
だいか
わしょく

● 居酒屋に「おすすめメニュー」が貼ってあります。どの料理を注文しますか。
いざかや は りょうり ちゅうもん

枝豆
300円

ナスの挟み揚げ
530円

大根の煮物
330円

焼き鳥盛り合わせ
600円

焼き魚、アジの一夜干し
600円

蒸し野菜のサラダ
580円

だし巻き玉子
430円

揚げ出し豆腐
420円

242	焼	読み方	や-く　や-ける　ショウ
		ことば	焼く　焼ける　焼肉
		例文	肉を焼く。／日に焼ける。／焼肉を食べに行く。
243	蒸	読み方	む-す　ジョウ　む-れる　む-らす
		ことば	蒸す　蒸し暑い　蒸発
		例文	肉まんを蒸す。／日本の夏は蒸し暑い。
244	巻	読み方	カン　ま-く　ケン　まき
		ことば	巻く　1巻
		例文	野菜を肉で巻く。／この漫画は1巻だけ読んでやめた。
245	挟	読み方	はさ-む　はさ-まる　キョウ
		ことば	挟む　挟まる
		例文	パンに野菜を挟む。／電車のドアに荷物が挟まる。
246	盛	読み方	も-る　さか-ん　セイ　ジョウ　さか-る
		ことば	盛る　盛り合わせ　大盛り　盛ん
		例文	料理を皿に盛る。／刺身の盛り合わせを頼む。／A町は漁業が盛んだ。
247	干	読み方	ほ-す　ひ-る　カン
		ことば	干す　干物
		例文	洗濯物を干す。／魚の干物を焼く。
248	根	読み方	コン　ね
		ことば	大根　屋根　根
		例文	大根を煮る。／屋根に雪が積もる。／木の根が深く伸びている。
249	枝	読み方	えだ　シ
		ことば	枝　枝豆
		例文	木の枝を切る。／枝豆をゆでる。
250	豆	読み方	トウ　ズ　まめ
		ことば	豆　豆腐　大豆
		例文	豆を煮る。／豆腐は大豆から作られる。

ポイント：どうやって覚える？
① 💡 焼 ☁

ポイント：どういう意味？
② 💡 灬 = 燕燕燕燕 [　　　]

ポイント：どっちがいい？
③【はさむ】
A 狭　B 挟

ポイント：どうやって覚える？
④ 💡 枝 ☁

ポイント：共通の読み方は？
⑤ 💡 豆・頭 [　　　]

読める	煮る　揚げる

✏ ❶やく ＿＿＿＿＿　❷むす ＿＿＿＿＿　❸まく ＿＿＿＿＿

❹はさむ ＿＿＿＿＿　❺さかん ＿＿＿＿＿　❻ほす ＿＿＿＿＿

❼やね ＿＿＿＿＿　❽えだ ＿＿＿＿＿　❾まめ ＿＿＿＿＿

Ⅰ．□に同じパーツを入れて、文を作ってください。
おな　　　　　　　い　　　　　　ぶん　つく

① a　昨夜、　頁　痛であまり寝られませんでした。

　 b　しょうゆは大　□　から作られます。

② a　金　行でお金を下ろしてから、買い物に行きます。

　 b　この食品の賞味期　阝　は明日だ。

　 c　大　木　の煮物を作りました。

Ⅱ．□から漢字を選んで、（　　）に言葉を入れて、文を作ってください。
かんじ　えら　　　　　　　ことば　い　　　　ぶん　つく

巻 挟 干 焼 蒸

① マフラーを（　　　　　　）。　　② 洗濯物を（　　　　　　）。
　　　　　　　　　　　　　　　　　　　　たく

③ パンを（　　　　　　）。　　　　④ 肉まんを（　　　　　　）。

⑤ ドアに手が（　　　　　　）。

Ⅲ．＿＿＿の漢字をひらがなで、ひらがなを漢字で書いてください。
かんじ　　　　　　　　　　　かんじ　か

① 日本の夏はむしあつい。　　　　② ご飯を茶碗に盛る。
　　　　　　　　　　　　　　　　　　　　　わん

③ 今日の夕食はやきにくだ。　　　④ この店は豆腐料理が有名だ。
　　　　　　　　　　　　　　　　　　　　　　　ふ

⑤ この問題は根が深い。
　　　　　　　　　ふか

⑥ この漫画は10巻まで発売されている。
　　　　　　　　　まん

● 交流会の人と一緒に食事に来ました。 ···················· 🎧 06　🎧 07　🎧 08
　こうりゅうかい　ひと　いっしょ　しょくじ　き

お品書き

焼き物

鯖の塩焼き	500 円
鰤の照り焼き	600 円
鯵の干物	600 円

焼き鳥
　　モモ、ムネ、つくね、レバー
　　　　　　　　　　各1本 150 円
　　4種盛り合わせ　　　550 円

揚げ物

季節の天ぷら	700 円
鶏の唐揚げ	600 円
揚げ出し豆腐	420 円
ナスの挟み揚げ	530 円

サラダ

季節野菜のサラダ	580 円
蒸し野菜のサラダ	580 円
蒸し鶏のサラダ	600 円

煮物

鰈の煮付け	600 円
大根の甘辛煮	330 円
ナスの揚げ煮	450 円

刺身

盛り合わせ	1,000 円

一品料理

肉豆腐	530 円
アサリの酒蒸し	500 円
だし巻き玉子	430 円

ご飯物

握りずし	900 円
巻きずし	600 円
焼きおにぎり	400 円

【👂】何を注文しますか。
　　　なに　ちゅうもん

① ＿＿＿＿＿＿　　　② ＿＿＿＿＿＿　　　③ ＿＿＿＿＿＿

料理の名前
りょう り　　なまえ

● ①〜⑦はどの料理でしょうか。
りょう り

① 納豆巻き

② 唐揚げ

③ 天ぷら蕎麦

④ 海老と野菜の塩炒め

⑤ 鶏手羽先の甘辛揚げ

⑥ 豚肉の生姜焼き

⑦ 人参とごぼうのきんぴら

a

b

c

d

e

f

g

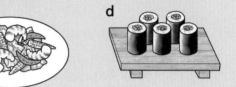

● どれを食べてみたいですか。
た

林檎のジェラート

抹茶のシフォンケーキ

桃のミルフィーユ

苺タルト

第8課

だい か

気持ちを伝える

き も　　　つた

第8課 1

メッセージを贈る

● 手紙・メッセージをもらいました。返事を送りたいです。

返事はA〜Cのどれですか。

①

謹賀新年

旧年中はお世話になりました
本年も良い一年になりますよう
お祈り申し上げます

②

拝啓　春暖の候
皆様　お変わりなくお過ごしでしょうか
このたび　私たちは結婚式を挙げることになりました
つきましてはご挨拶をかねて　ささやかな
パーティーを催したいと思います
皆さまと楽しい時間を過ごせればと思いますので
ぜひ　ご出席いただきたく　ご案内申し上げます

敬具
20△△年4月吉日

記

日時　20△△年　△月△日
開宴　正午
会場　イーストウエストホテル　東西の間

Ⓐ

<del>ご</del>出席　させていただきます
<del>欠席</del>

<del>芳名</del>　エミリー　ブラウン

<del>ご</del>住所　東京都中野区中央
2-36-9

<del>お</del>電話　03-△△△△-□□□□

心よりお祝い申し上げます
末永くお幸せに

Ⓑ

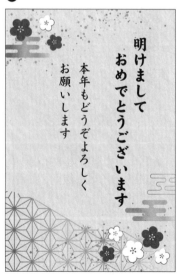

明けまして
おめでとうございます

本年もどうぞよろしく
お願いします

Ⓒ

すてきなコーヒーカップを
ありがとうございました。
大切に使わせていただきます。

リン

251	旧	読み方	キュウ
		ことば	旧年　旧〜 きゅうねん　きゅう
		例文	旧年中はお世話になりました。 ねんちゅう　　　せわ

ポイント：どうやって覚える？

① 💡 旧

252	良	読み方	よ-い　リョウ
		ことば	良い　良好　改良 よ　りょうこう　かいりょう
		例文	皆さま良いお年を。 みな　　よ　　とし

253	祈	読み方	いの-る　キ
		ことば	祈る　祈り いの　いの
		例文	幸せを祈る。／お祈りをする。／平和への祈りを込めて鶴を折る。 しあわ　いの　　　いの　　　　　へいわ　　　いの　こ　　つる　お

ポイント：どっちがいい？

②【いのる】

A 折　B 祈

254	結	読み方	ケツ　むす-ぶ　ゆ-う　ゆ-わえる
		ことば	結婚　結ぶ けっこん　むす
		例文	両親は30年前に結婚した。／靴のひもを結ぶ。 りょうしん　　ねんまえ　けっこん　　　くつ　　　　むす

255	婚	読み方	コン
		ことば	結婚　婚約 けっこん　こんやく
		例文	彼女と結婚しました。／婚約指輪を買った。 かのじょ　けっ　　　　　やくゆびわ　か

256	式	読み方	シキ
		ことば	結婚式　正式　〜式 けっこんしき　せいしき　しき
		例文	結婚式を挙げる。／NHKの正式な名前は日本放送協会だ。 けっこん　あ　　　　　　　せい　　なまえ　にっぽんほうそうきょうかい

257	祝	読み方	シュク　いわ-う　シュウ
		ことば	祝う　お祝い　祝日 いわ　いわ　しゅくじつ
		例文	誕生日を祝う。／お祝いに花を贈る。／土日祝日は定休日だ。 たんじょうび　いわ　　　　いわ　　はな　おく　　どにち　じつ　ていきゅうび

ポイント：どっちがいい？

③ A 祝　B 祝

258	永	読み方	エイ　なが-い
		ことば	永遠　永い えいえん　なが
		例文	永遠の愛を誓う。 えん　あい　ちか

ポイント：共通の読み方は？

④ 💡 永・泳
　[　　　]

259	幸	読み方	コウ　しあわ-せ　さいわ-い　さち
		ことば	幸せ　幸運　不幸　海の幸 しあわ　こううん　ふこう　うみ　さち
		例文	幸せな日々を過ごす。／幸運を祈る。／不幸な出来事があった。 しあわ　ひび　す　　　こううん　いの　　ふこう　できごと

ポイント：どれがいい？

⑤ A 幸　B 幸
　C 幸

✎ ❶きゅうねん ＿＿＿＿＿＿　❷よい ＿＿＿＿＿＿　❸いのる ＿＿＿＿＿＿

❹けっこんしき ＿＿＿＿＿＿　❺いわう ＿＿＿＿＿＿　❻えいえん ＿＿＿＿＿＿

❼しあわせ ＿＿＿＿＿＿

Ⅰ．A、B、Cのパーツを組み合わせて、漢字を作ってください。
　　　　　　　　　　　　く　あ　　　　　　　　　かんじ　つく

| A | 糸 女 | B | 士 氏 | C | 日 口 |

　　　　　　　　　　　—————————　　　—————————

Ⅱ．□にパーツを入れて、文を作ってください。
　　　　　　　　い　　　　ぶん　つく

① a　日曜と　[ネ]　日は定休日です。　　　b　[ネ]　社にお参りに行く。

　　c　皆さまのご健康をお　[ネ]　り申し上げます。
　　　　　　　　　けんこう

② a　[日]　年中は大変お世話になりました。

　　b　[明日の天気]　[日]　れのち雨

　　c　大阪は　[日]　から日本の商業の中心地として栄えています。
　　　　おおさか　　　　　　　　　　　しょう　　　　　さか

Ⅲ．＿＿＿＿の漢字をひらがなで、ひらがなを漢字で書いてください。
　　　　　　　かんじ　　　　　　　　　　　　かんじ　か

① アルバイト中は髪をむすぶことになっている。
　　　　　　　　かみ　＿＿＿

② ご結婚おめでとうございます。すえながくおしあわせに。
　　　結婚　　　　　　　　　　　　＿＿＿＿＿＿＿＿＿＿＿

③ イベントの延期が正式に決まった。
　　　　　　　　　　正式

④ 七福神は幸運を運んで来てくれると言われている神様です。
　　しちふくじん　　幸運

⑤ 仙台では旧暦の７月７日ごろに七夕祭りが行われる。
　　せんだい　　　れき　　　　　　　　たなばた

Ⅰ　お祝いのメッセージをカードに書きましょう。
　　いわ　　　　　　　　　　　　　　　　　　　　か

Ⅱ　新年を祝うメッセージを書きましょう。
　　しんねん　いわ　　　　　　　　　　か

SNS やメールで気持ちを伝える

● アルバイト先の先輩とやり取りをしています。どんな内容ですか。

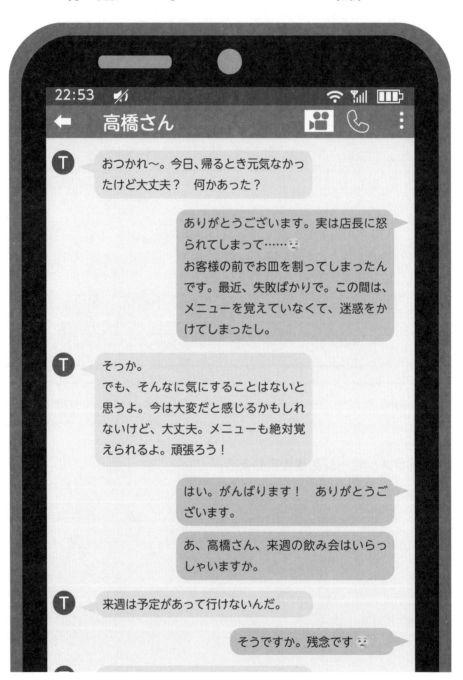

22:53

高橋さん

T おつかれ〜。今日、帰るとき元気なかったけど大丈夫？　何かあった？

ありがとうございます。実は店長に怒られてしまって……😣
お客様の前でお皿を割ってしまったんです。最近、失敗ばかりで。この間は、メニューを覚えていなくて、迷惑をかけてしまったし。

T そっか。
でも、そんなに気にすることはないと思うよ。今は大変だと感じるかもしれないけど、大丈夫。メニューも絶対覚えられるよ。頑張ろう！

はい。がんばります！　ありがとうございます。

あ、高橋さん、来週の飲み会はいらっしゃいますか。

T 来週は予定があって行けないんだ。

そうですか。残念です😥

260	皿	読み方	さら
		ことば	お皿　取り皿
		例文	お皿を割ってしまった。
261	失	読み方	シツ　うしな-う
		ことば	失敗　失う　失礼
		例文	仕事で失敗しないように気を付けている。／仕事を失う。
262	敗	読み方	ハイ　やぶれる
		ことば	失敗　敗れる
		例文	失敗は成功のもと。
263	怒	読み方	おこ-る　ド　いか-る
		ことば	怒る
		例文	子どものころ、よくいたずらをして父に怒られた。
264	感	読み方	カン
		ことば	感じる　感動　感想　〜感
		例文	疲れを感じる。／美しい景色に感動した。／感想を聞く。
265	念	読み方	ネン
		ことば	残念　記念
		例文	台風で旅行に行けなくて、残念だ。
266	覚	読み方	おぼ-える　さ-ます　さ-める　カク
		ことば	覚える　覚める　覚ます　感覚
		例文	新しい言葉を覚える。／工事の音がうるさくて、目が覚めた。
267	迷	読み方	メイ　まよ-う
		ことば	迷惑　迷う　＜迷子＞
		例文	仕事でミスをして、迷惑をかけてしまった。／道に迷った。
268	絶	読み方	ゼツ　た-える　た-やす　た-つ
		ことば	絶対
		例文	明日の試合は絶対に勝ちたい。

ポイント：どれがいい？

① 【失敗】
A しっはい
B しっばい
C しっはい
D しっぱい

ポイント：どうやって覚える？

② 💡 怒

ポイント：どっちがいい？

③ A 感　B 感

ポイント：どっちがいい？

④ A 覚　B 覚

読める	迷惑　　大丈夫　　頑張る
	めいわく　だいじょうぶ　がんば

✎ ❶おさら ＿＿＿＿＿　　❷しっぱい ＿＿＿＿＿　　❸おこる ＿＿＿＿＿

❹かんじる ＿＿＿＿＿　　❺ざんねん ＿＿＿＿＿　　❻おぼえる ＿＿＿＿＿

❼まよう ＿＿＿＿＿　　❽ぜったい ＿＿＿＿＿

Ⅰ. 同じパーツがある漢字を書いてください。
　　おな　　　　　かんじ　か

① 米

② 皿

Ⅱ. □ に漢字を1つ入れて、言葉を作ってください
　　　　かんじ　い　　　　ことば　つく

① 残
授
↓ →
→

② 安心 動 格
→ ↓
↓
→

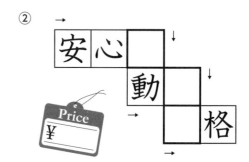

Ⅲ. ＿＿＿＿ の漢字をひらがなで、ひらがなを漢字で書いてください。
　　　　　　かんじ　　　　　　　　　　　　　　かんじ　か

① 失敗 から学ぶことは多い。

② ぜったい に集合時間に遅れないようにしてください。

③ 鳥の声で目が 覚めた。

④ 映画の 感想 を書く。

⑤ ご 迷惑 をおかけして申し訳ございません。

⑥ 災害で多くの人が家を 失った。

⑦ 難しい仕事でも彼なら 大丈夫 だろう。
　　　　　　　　　　かれ

Ⅰ SNS を見ています。

友達の投稿*を見て、コメント（①〜③）しましょう。

*投稿 = post ／投稿／게시

例

①

②

③

Ⅱ 実際に SNS で友達にコメントしてみましょう。

● 漫画を読んでいます。

269	恋	読み方	レン　こい　こい-しい　こ-う
		ことば	恋　恋人　失恋
		例文	恋をする。／彼は私の恋人です。／失恋した。
270	悩	読み方	なや-む　ノウ　なや-ます
		ことば	悩む　悩み
		例文	仕事のことで悩んでいる。／誰にでも悩みはある。
271	恥	読み方	は-ずかしい　チ　はじ　は-じる　は-じらう
		ことば	恥ずかしい　恥
		例文	みんなの前で転んで、恥ずかしかった。
272	優	読み方	ユウ　やさ-しい　すぐ-れる
		ことば	優しい　優勝　優先　優れる
		例文	彼はいつも優しい。／彼女はダンスの世界大会で優勝した。
273	泣	読み方	な-く　キュウ
		ことば	泣く
		例文	とても悲しくて、泣いてしまった。
274	笑	読み方	わら-う　ショウ　え-む
		ことば	笑う　笑顔
		例文	彼女はいつも笑っている。／彼女の笑顔は素敵だ。
275	彼	読み方	かれ　かの　ヒ
		ことば	彼　彼女　彼ら
		例文	彼は彼女と同じ町の出身だ。／彼らは同じ学校に通っていた。
276	君	読み方	クン　きみ
		ことば	〜君　君
		例文	山田君とけんかしてしまった。／君が好きだ。
277	実	読み方	ジツ　み　みの-る
		ことば	実は　実際　事実　実
		例文	実は、この間、結婚しました。／実際にやってみる。

ポイント：どっちがいい?
① 【こいびと】
A 恋人
B 変人

ポイント：どうやって覚える?
② 💡 恥

ポイント：どっちがいい?
③ 【なく】
A 位　　B 泣

✎ ❶こいびと ＿＿＿＿＿＿＿　❷なやむ ＿＿＿＿＿＿＿　❸はずかしい ＿＿＿＿＿＿＿

❹やさしい ＿＿＿＿＿＿＿　❺なく ＿＿＿＿＿＿＿　❻わらう ＿＿＿＿＿＿＿

❼かれ ＿＿＿＿＿＿＿　❽〜くん ＿＿＿＿＿＿＿　❾じつは ＿＿＿＿＿＿＿

Ⅰ. □に漢字を１つ入れて、（　）に読み方をひらがなで書いてください。
かんじ い よ かた か

① （　　　　　）

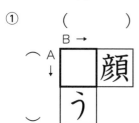

②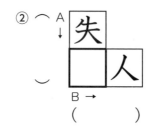

（　　　　　）

Ⅱ. □にパーツを入れて、文を作ってください。
い ぶん つく

① a　その橋を ⟨氵⟩ ると学校があります。

　 b　きれいな川が ⟨氵⟩ れています。

　 c　子どもが転んで ⟨氵⟩ いています。

② a　進学か就職か ⟨忄⟩ んでいます。

　 b　日本の生活にはもう ⟨忄⟩ れました。

　 c　仕事は毎日とても ⟨忄⟩ しいです。

③ a　⟨𥫗⟩ 単な料理なら作れます。　　b　駅に着き次 ⟨𥫗⟩ 、連絡します。

　 c　林さんはいつもにこにこ ⟨𥫗⟩ っています。

Ⅲ. _____の漢字をひらがなで、ひらがなを漢字で書いてください。
かんじ かんじ か

① かのじょはとても優しい人です。　　② 妹ははずかしがりやです。

③ 何でもじっさいにやってみると、よくわかります。

Ｉ　漫画のシーンにせりふを入れてみましょう。
　　まんが　　　　　　　　　い

①

②

③

④

⑤

⑥

・一人で悩まないで。　　　　・あ、笑った。かわいいね。

・わあ、恥ずかしい……。　　・ショウ君、優しいねえ。

・絶対、泣かない！　　　　　・失恋しちゃった。

Ⅱ　漫画を読んでみましょう。
　　まんが　よ

歌詞
かし

● 友達とカラオケに行きました。友達の歌を聞いています。
ともだち　　　　　　　　　い　　　　　　ともだち　うた　き

贈る言葉
ことば
歌：海援隊　　　作詞：武田鉄矢　　　作曲：千葉和臣
かいえんたい　　　　たけだてつや　　　　ちばかずおみ

暮れなずむ町の　光と影の中　　去りゆくあなたへ　贈る言葉
く　　　　　　　　　かげ　　　　　　　　　　　　　　　　ことば

悲しみこらえて　微笑むよりも　　涙かれるまで　泣くほうがいい
ほほえ

人は悲しみが　多いほど　　人には優しく　出来るのだから

さよならだけでは　さびしすぎるから　　愛するあなたへ　贈る言葉
ことば

粉雪
こな
歌：レミオロメン　　作詞・作曲：藤巻亮太
ふじまきりょうた

粉雪舞う季節はいつもすれ違い
こな　ま　　　　　　　　　　　　ちが

人混みに紛れても　同じ空見てるのに
まぎ

風に吹かれて似たように凍えるのに
に　　　こご

僕は君の全てなど知ってはいないだろう
ぼく

それでも一億人から君を見つけたよ
おく

根拠はないけど本気で思ってるんだ
こんきょ

些細な言い合いもなくて同じ時間を生きてなどいけない
ささい

素直になれないなら喜びも悲しみも虚しいだけ
すなお　　　　　　　　　　　　　　　　　　　　　むな

粉雪　ねえ　心まで白く染められたなら
こな　　　　　　　　　　　　　　そ

二人の孤独を分け合う事が出来たのかい
こどく

風よ
吹いていけ

次の
演奏曲　夢をあきらめないで　岡村孝子
おかむらたかこ

① 抱きしめたい　　Mr.children

② ……

278	曲	読み方	キョク　ま-がる　ま-げる
		ことば	曲　作曲　曲がる　曲げる　曲線
		例文	曲に合わせて踊る。／作曲をする。／左に曲がる。／膝を曲げる。
279	贈	読み方	おく-る　ゾウ　ソウ
		ことば	贈る　贈り物
		例文	恋人にバラの花束を贈った。／祖父への贈り物を選ぶ。
280	悲	読み方	かな-しい　かな-しむ　ヒ
		ことば	悲しい　悲しむ
		例文	ペットが死んで、悲しかった。／彼女の悲しむ姿は見たくない。
281	涙	読み方	なみだ　ルイ
		ことば	涙
		例文	全国大会で優勝して、チームメイトと涙を流して喜び合った。
282	愛	読み方	アイ
		ことば	愛　愛する　恋愛　愛情
		例文	母の愛は海よりも深い。／夫を愛している。／恋愛小説を読む。
283	喜	読み方	よろこ-ぶ　キ
		ことば	喜ぶ　喜び
		例文	私が大学に合格して、母は喜んでいる。／生きる喜びを感じる。
284	夢	読み方	ム　ゆめ
		ことば	夢　夢中　正夢
		例文	将来の夢のために頑張っている。／彼はゲームに夢中だ。
285	抱	読み方	だ-く　ホウ　いだ-く　かか-える
		ことば	抱く　抱きしめる
		例文	赤ちゃんを抱く。／泣いている子どもを優しく抱きしめた。
286	吹	読み方	ふ-く　スイ
		ことば	吹く
		例文	強い風が吹いている。

ポイント：どっちがいい？
① A 曲　B 曲

ポイント：どっちがいい？
②【メールをおくる】
A 送る
B 贈る

ポイント：どうやって覚える？
③ 💡 悲

ポイント：どっちがいい？
④ A 涙　B 涙

ポイント：どれがいい？
⑤ A 受　B 愛　C 愛

読める　作詞（さくし）

✎　❶きょく ＿＿＿＿＿　❷おくる ＿＿＿＿＿　❸かなしい ＿＿＿＿＿

❹なみだ ＿＿＿＿＿　❺あい ＿＿＿＿＿　❻よろこぶ ＿＿＿＿＿

❼ゆめ ＿＿＿＿＿　❽だく ＿＿＿＿＿　❾ふく ＿＿＿＿＿

Ⅰ．a～dに同じパーツを入れて、漢字を作ってください。パーツが表す意味も書
　　おな　　　　　　い　　　　　　　　　　かんじ　つく　　　　　　　　　　　　　　あらわ　いみ　か
いてください。

① a 曾　b 任　c 弗　d 化　　　パーツの意味
　　　　　　　　　　　　　　　　　　　　　　　　　　　　いみ

〔　　　　　　　　　　　　　　　　〕

② a 包　b ム　c 旨　d 斤　　　パーツの意味
　　　　　　　　　　　　　　　　　　　　　　　　　　　　いみ

〔　　　　　　　　　　　　　　　　〕

Ⅱ．同じパーツがある漢字を書いてください。
　　おな　　　　　　　　　かんじ　か

① 心

② 欠

Ⅲ．＿＿＿＿の漢字をひらがなで、ひらがなを漢字で書いてください。
　　　　　　　　かんじ　　　　　　　　　　　　　　　　　　　かんじ　か

① 1つ目の角を右にまがると郵便局がある。

② 私の趣味は作詞、作曲をすることです。

③ かなしくて なみだが出ました。

④ あいしてる。

⑤ 恋愛ドラマを見るのが好きです。

⑥ 友達にケーキを作ってあげたら、とても喜んでくれた。

⑦ 話に夢中になっていたら、あっという間に時間が過ぎてしまった。

Ⅰ 友達とカラオケに行きました。何を歌うか考えています。
ともだち　　　　　　　　　　　　い　　　　　　　　　なに　うた　　かんが

最近人気の歌は何ですか。
さいきんにんき　うた　なん

Ⅱ 歌ってみましょう。
うた

時代　　作詞・作曲：中島みゆき
なかじま

今はこんなに悲しくて　涙もかれ果てて
は

もう二度と笑顔には　なれそうもないけど

そんな時代もあったねと　いつか話せる日が来るわ

あんな時代もあったねと　きっと笑って話せるわ

だから　今日はくよくよしないで　今日の風に吹かれましょう

まわるまわるよ　時代は回る　喜び悲しみくり返し

今日は別れた恋人たちも　生まれ変わって　めぐり逢うよ
あ

読み方に気をつけよう１
よ かた き

漢字を２つ使って言葉を作るとき、後ろの言葉の初めの音が変化するものがあります。

● 音の変化　その１：前の言葉の終わりの音が「っ」になるとき

`K + K`

~ク＋カ行　　学科：が**く**＋か → が**っ**か
ku k-

作曲：さ**く**＋きょく → さ**っ**きょく

~キ＋カ行　　積極（的）：せ**き**＋きょく（てき）→ せ**っ**きょく（てき）
ki k-

`T + K/S/T/H`

~ツ＋カサタハ行　　結婚：け**つ**＋こん → け**っ**こん
tu k- s- t- h-

雑誌：ざ**つ**＋し → ざ**っ**し

必着：ひ**つ**＋ちゃく → ひ**っ**ちゃく

失敗：し**つ**＋はい → し**っ**ぱい

~チ＋カサタハ行　　一巻：い**ち**＋かん → い**っ**かん
ti k- s- t- h-

日誌：に**ち**＋し → に**っ**し

日中：に**ち**＋ちゅう → に**っ**ちゅう

一方：い**ち**＋ほう → い**っ**ぽう

> 変化は
> 「カ行、サ行、タ行、ハ行」
> に起きるんだね。

● 音の変化　その２：後ろの言葉の初めの音が「パ行」になるとき

`N/T + H`

~ン＋ハ行　　心配：し**ん**＋**は**い → し**ん**ぱい
n h-

~チ＋ハ行　　一方：い**ち**＋**ほ**う → い**っ**ぽう
ti h-

~ツ＋ハ行　　発表：は**つ**＋**ひょ**う → は**っ**ぴょう
tu h-

> ハ行は
> いつも「ぱぴぷぺぽ」に
> 変化するんだね。

Q 読んでみよう
よ

①各国　　　②安否　　　③男性　　　④日記　　　⑤必要

⑥失恋　　　⑦失敗　　　⑧発電　　　⑨発見　　　⑩出身

第9課
だい　　　　　か

漢字を楽しむ
かんじ　　たの

第9課 ①

記号のような漢字

○ 何が書いてありますか。

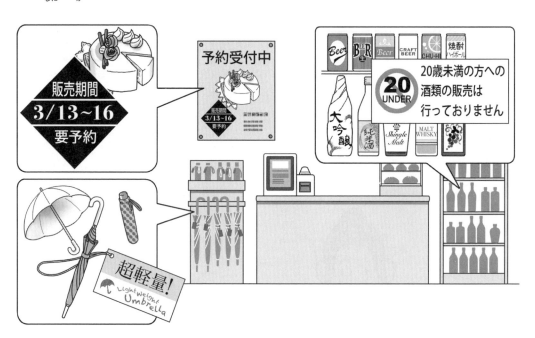

287	未	読み方	ミ		
		ことば	未満　未来　未～		
		例文	18歳未満。／100年後の未来を予想する。／未使用品に限り返品可。		

ポイント：どっちがいい？
① 【み来】　A 末　B 未

288	満	読み方	マン　み-ちる　み-たす
		ことば	満足　不満　満員
		例文	今の生活に満足している。／給料に不満がある。／満員電車に乗る。

289	要	読み方	ヨウ　い-る　かなめ
		ことば	重要　必要　要る　要～
		例文	これは重要な書類だ。／必要な物を確認する。／要らない物を捨てた。

290	超	読み方	チョウ　こ-える　こ-す
		ことば	超～　超える　超過
		例文	超高層ビルの建設が進む。／電気代が1万円を超えてしまった。

ポイント：どっちがいい？
② 【こえる】　A 超　B 起

291	禁	読み方	キン
		ことば	禁止　厳禁
		例文	ここは危険なため、立入禁止です。／ここは飲食厳禁です。

ポイント：どういう意味？
③ 💡　示＝ネ＝［......］

292	可	読み方	カ
		ことば	可　不可
		例文	今の家はペット不可だから、ペット可のところに引っ越したい。

293	済	読み方	サイ　す-む　す-ます
		ことば	～済み　済む　済ませる　経済
		例文	それは確認済みだ。／食事を済ませる。／大学では経済を専攻した。

294	級	読み方	キュウ
		ことば	～級　初級　中級　上級　高級
		例文	国内最大級の音楽祭が開かれた。／高級レストランを予約する。

ポイント：どうやって覚える？
④ 💡　級 ☁

295	的	読み方	テキ　まと
		ことば	～的　目的　的確　伝統的
		例文	積極的に意見を言う。／日本語学習の目的は人によって違う。

ポイント：どっちがいい？
⑤　A 的　B 的

読める　厳禁（げんきん）

✎ ❶みらい ＿＿＿＿＿　❷まんぞく ＿＿＿＿＿　❸ひつよう ＿＿＿＿＿

❹こえる ＿＿＿＿＿　❺きんし ＿＿＿＿＿　❻ふか ＿＿＿＿＿

❼けいざい ＿＿＿＿＿　❽ちゅうきゅう ＿＿＿＿＿　❾もくてき ＿＿＿＿＿

Ⅰ. □にパーツを入れて、文を作ってください。
い ぶん つく

① a 土足厳 示 。

   b 毎年、秋にはたくさんの 示 りが行われます。

② a 朝はいつも7時ごろ 走 きます。

   b 本日限り！ 走 特価！

Ⅱ. ①〜⑤の漢字と一緒に使える言葉はどれですか。何回使ってもいいです。
かんじ いっしょ つか ことば なんかいつか

A 最大　B 確認　C 注意　D 高　E 記入

F 予約　G 国際　H 経済　I 冷蔵　J 連絡

① 未〜

② 要〜

③ 〜的

④ 〜級

⑤ 〜済

Ⅲ. _____の漢字をひらがなで、ひらがなを漢字で書いてください。
かんじ かんじ か

① これは重要な書類だ。

② 今の生活に不満はない。

③ 思ったより早く用事がすんだ。

④ 朝の満員電車にはなかなか慣れない。

Ⅰ 仕事で書類を作っています。
　　しごと　しょるい　つく

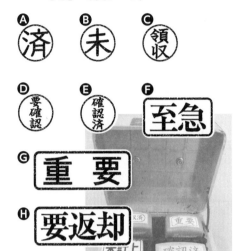

① Ⓐ〜❶のどのはんこを押しますか。
　　　　　　　　　　　　　　お

　　（1）これから確認しなければならない
　　　　　　　　かくにん

　　　　　　　　　　　　　　（　　　）

　　（2）予約が終わった
　　　　　よやく　お

　　　　　　　　　　　　　　（　　　）

　　（3）大切な書類
　　　　　たいせつ　しょるい

　　　　　　　　　　　　　　（　　　）

② ❶、❶のはんこはどんな書類に押しますか。
　　　　　　　　　　　　　　しょるい　お

　❶ _____

　❶ _____

Ⅱ 留学生のリンさんはオープンキャンパスに参加したいと思っています。
　　りゅうがくせい　　　　　　　　　　　　　　さんか　　　　おも

オープンキャンパス日程 (要予約)

9/5 (土)	日本人対象	
	(留学生参加可)	
9/12 (土)	留学生対象	満員のため 受付終了
9/19 (土)	日本人対象	
	(留学生参加可)	
9/20 (日)	留学生対象	満員のため 受付終了

① 今から参加できるのはどれ
　いま　さんか
　ですか。

　_____

② 参加したい人はどうしたら
　さんか　　ひと
　いいですか。

　_____

● 例のように共通するパーツを【　】に書いて、下の▢から（　　）に入
れい　　　　　　きょうつう　　　　　　　　　　　　か　　　した　　　　　　　　　　　　　はい
る読み方を選んで書いてください。
よ　かた　えら　か

例 【 寺 】　　① 【　　】　　② 【　　】
れい
時 持　　　　　性 姓 星　　　　　館 管

（　じ　）　　　（　　　）　　　（　　　）

③ 【　　】　　④ 【　　】

神 紳 伸　　　　帳 張

（　　　）　　　（　　　）

┌──────────────────────────┐
│ ちょう　せい　しん　かん　ぜ │
└──────────────────────────┘

⑤ 【　　】　　⑥ 【　　】　　⑦ 【　　】

紛 雰 粉　　　府 腐 符　　　飯 販 坂 板

（　　　）　　　（　　　）　　　（　　　）

⑧ 【　　】

注 駐 柱

（　　　）

「板」は「ばん」を
よく使うよ。
つか

「主」は「しゅ」と読むよ。
違う読み方だよ。
ちが　よ　かた

┌──────────────────────────┐
│ ちゅう　ふん　はん　ふ │
└──────────────────────────┘

296	星	読み方	セイ ほし ショウ
		ことば	星 星座 火星 流れ星
		例文	恋人と星を見に行った。／冬の星座といえばオリオン座です。
297	官	読み方	カン
		ことば	警官 ～官
		例文	警官が事故の原因を調べていた。
298	伸	読み方	シン の-びる の-ばす の-べる
		ことば	伸びる 伸ばす 伸縮
		例文	去年より身長が5cm伸びた。／このズボンは伸縮性がある。
299	張	読み方	チョウ は-る
		ことば	出張 張る 頑張る 引っ張る 主張
		例文	明日から海外出張だ。／テントを張る。／ひもを引っ張る。
300	粉	読み方	フン こ こな
		ことば	花粉 粉 パン粉
		例文	日本に来て、花粉症になった。／粉薬を飲む。／パン粉をつける。
301	符	読み方	ふ
		ことば	切符 符号
		例文	ICカードを忘れたので、切符を買った。
302	板	読み方	ハン バン いた
		ことば	看板 板 掲示板 鉄板 まな板
		例文	強風で看板が飛ばされた。／棚を作るために板を買った。
303	柱	読み方	チュウ はしら
		ことば	電柱 柱
		例文	車が電柱にぶつかった。／地震で家の柱が折れてしまった。

ポイント：どっちがいい？
① A 伸　B 伊

ポイント：どういう意味？
② 💡 弓 = ⊂
[　　　]

ポイント：どっちがいい？
③【いた】
A 板　B 坂

ポイント：違うのはどれ？
④ A 注意　B 電柱
C 主人　D 駐車

✎
❶ほし _____
❷けいかん _____
❸のびる _____
❹しゅっちょう _____
❺こな _____
❻きっぷ _____
❼いた _____
❽はしら _____

Ⅰ．AとBのパーツを組み合わせて、_____に入る漢字を作ってください。
　　　　　　く　あ　　　　　　　　　　はい　かんじ　つく

　A　木　イ　米　弓　木　　　　B　分　長　主　反　申

① この店は大きな看_____があるので、すぐ見つけられる。
　　　　　　　　　かん

② 背が_____びる。
　　せ

③ お好み焼きを作るので小麦_____を買った。

④ 人形の腕を引っ_____ったら、取れてしまった。
　ぎょう　うで

⑤ 彼はキャプテンであり、このチームの_____だ。

Ⅱ．例のように、□に漢字を入れてください。
　　れい　　　　　　かんじ　い

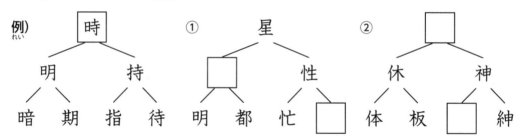

例)
れい

Ⅲ．_____の漢字をひらがなで、ひらがなを漢字で書いてください。
　　　　かんじ　　　　　　　　　　　　　　　　かんじ　か

① 私の星座はおひつじ座です。
　　　ざ　　　　　　　ざ

② 警察官に道を聞いた。

③ 花粉症に悩む人が多い。
　　　　しょう

④ 大学に合格するために日本語の勉強を頑張っています。

● ＿＿＿の読み方を考えてみましょう。
　　　　よ　かた　かんが

① 換気扇が壊れたので、管理人さんに修理をお願いした。
　　せん　こわ　　　　　　　　　　　　　　しゅう

② デパートの紳士服売り場でスーツのセールが行われている。

③ 忘れないように手帳にメモした。

④ 私は豆腐のみそ汁が好きだ。
　　　　　　　　　　しる

⑤ この店はとても雰囲気がいい。

⑥ 自動販売機でお茶を買った。
　　　　　　き

助数詞
じょすうし

Ⅰ 町のポスターを見ています。何と書いてありますか。
  まち   て   なん か

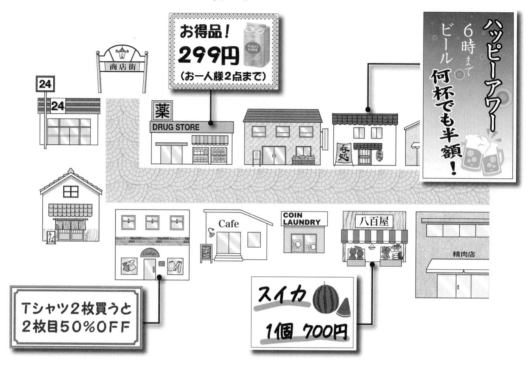

Ⅱ どうやって数えますか。A、Bどちらか選んでください。
      かぞ   えら

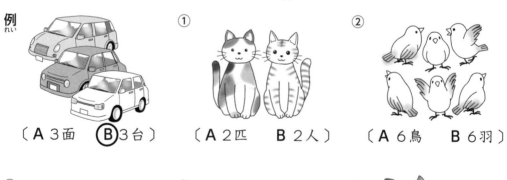

例
れい

〔 A 3面 Ⓑ 3台 〕

① 〔 A 2匹   B 2人 〕

② 〔 A 6鳥   B 6羽 〕

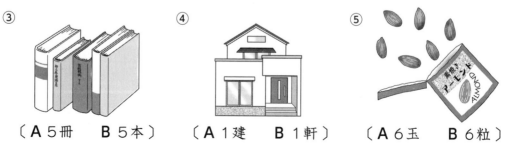

③ 〔 A 5冊   B 5本 〕

④ 〔 A 1建   B 1軒 〕

⑤ 〔 A 6玉   B 6粒 〕

304	枚	読み方	マイ
		ことば	1枚　枚数
		例文	このポストカードは1枚100円です。／コピーの枚数を確認する。
305	杯	読み方	ハイ　さかずき
		ことば	1杯　2杯　3杯
		例文	ドリンク1杯無料。
306	個	読み方	コ
		ことば	1個　個人
		例文	リンゴを1個ください。／結婚するかどうかは個人の自由だ。
307	点	読み方	テン　つ-く
		ことば	1点　100点　点　欠点　利点
		例文	この商品は3点で1,000円です。／100点を取る。／点を線で結ぶ。
308	匹	読み方	ひき　ヒツ
		ことば	1匹　2匹　3匹
		例文	犬を1匹飼っています。
309	羽	読み方	は　わ*　はね　ウ
		ことば	羽　1羽　3羽　6羽
		例文	クジャクは美しい羽が特徴だ。／庭には2羽ニワトリがいる。
310	冊	読み方	サツ　サク
		ことば	1冊
		例文	1か月に3冊くらい本を読みます。
311	軒	読み方	ケン　のき
		ことば	1軒　3軒　軒　一軒家
		例文	ここから2軒先が私の家です。
312	粒	読み方	つぶ　リュウ
		ことば	1粒　大粒　小粒
		例文	このブドウは1粒が大きい。／大粒の雨が降ってきた。

ポイント：共通の読み方は？
① 💡 点・店
［　　　　　］

ポイント：共通のパーツとその意味は？
② 💡 羽・翌・習
［　　　　　］

ポイント：どっちがいい？
③ A 冊　B 冊

ポイント：違うのはどれ？
④ A 現　B 限
C 軒　D 原

ポイント：どういう意味？
⑤ 💡 米 = 🌾
［　　　　　］

✏️
❶～まい ＿＿＿＿＿＿＿＿　❷～はい ＿＿＿＿＿＿＿＿　❸～こ ＿＿＿＿＿＿＿＿

❹～てん ＿＿＿＿＿＿＿＿　❺～ひき ＿＿＿＿＿＿＿＿　❻～わ ＿＿＿＿＿＿＿＿

❼～さつ ＿＿＿＿＿＿＿＿　❽～けん ＿＿＿＿＿＿＿＿　❾～つぶ ＿＿＿＿＿＿＿＿

Ⅰ. □にパーツを入れて、文を作ってください。 い ぶん つく

① a 改 木 口の前で友達と会います。

　 b ビール1 木 無料。

　 c 毎年、1月1日に今年の目 木 を決めます。

② a 池谷選手は今日の試合で一番多く 灬 を入れた。

　 b これはエビの 灬 し料理です。

　 c 彼から全 灬 連絡がない。

Ⅱ. □の漢字を3つのグループに分けてください。 かんじ わ

語　個　候　校　庫　湖　午　交　古　故　公

＜ゴ＞	＜コ＞	＜コウ＞

Ⅲ. ＿＿＿＿の漢字をひらがなで、ひらがなを漢字で書いてください。 かんじ かんじ か

① 誰にでも欠点はあります。

② 個人旅行の利点は全部自分の好きなように決められることです。

③ この鳥はきれいな青いはねを持っている。

④ この書類の枚数を数えてください。

Ⅰ　どうやって数えますか。
かぞ

① プリントが2〔A 冊　　B 枚　　C 点〕あります。

② この梅干しは1〔A 粒　　B 点　　C 玉〕500円です。
　　　うめぼ

③ うさぎが1〔A 耳　　B 羽　　C 頭〕います。

④ メールが2〔A 通　　B 枚　　C 着〕来ています。

⑤ この漫画は10〔A 冊　　B 本　　C 巻〕まであります。
　　　まん

Ⅱ　映画を見たあと、チケットを見せるとサービスが受けられるので、どんなお店
　　えいが　　み　　　　　　　　　　　み　　　　　　　　　　　　う　　　　　　　　　　　　　　　みせ
　　があるか探しています。 ……………………………
　　　　　　さが

映画チケットサービス

	Ⓐ さつき軒	Ⓑ 洋食オムオム	Ⓒ DOUDOLE
4階 レストラン	ソフトドリンク 1杯サービス	ミニアイスを プレゼント	お会計代金から 5%OFF
3階 ファッション	Ⓓ ハートダンス	Ⓔ シャツプラザ	Ⓕ レフトオン
	2点お買い上げで 10%OFF	Tシャツ2枚 お買い上げで 10%OFF	店内商品 5%OFF ＊対象外商品あり
2階 その他	Ⓖ 東西観光	Ⓗ つる書店	Ⓘ マジック堂
	ツアー申込時 1,000円割引	アニメ○○オリジナル ノート1冊プレゼント	1,000円お買い上げで お菓子1個プレゼント

【👂】Ⓐ～Ⓘのどの店に行きますか。
　　　　　　　　　　　　みせ　　い

①（　　　　）　　②（　　　　）　　③（　　　　）

第9課 ④

四字熟語・慣用句・ことわざ

● 次の言葉はどんな意味だと思いますか。下から選んでください。

① 老若男女　（　　　　）

② 大器晩成　（　　　　）

③ のれんに腕押し　（　　　　）

④ 残り物には福がある　（　　　　）

のれん

A 最後に残ったものには意外に良いものがある。

B 年齢や性別に関係なくいろいろな人たち。

C 本当に能力がある人は、人よりも遅く成功すること。

D いくらやっても効果がない。

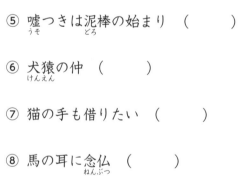

⑤ 嘘つきは泥棒の始まり　（　　　　）

⑥ 犬猿の仲　（　　　　）

⑦ 猫の手も借りたい　（　　　　）

⑧ 馬の耳に念仏　（　　　　）

念仏

E 嘘をつく人は、いつかもっと悪いことをするようになる。

F だれでもいいから手伝ってほしいくらい、とても忙しいこと。

G とても仲が悪いこと。

H 人の意見やアドバイスを聞こうとしない相手には、何を言っても無駄だ。

馬

313 老	読み方	ロウ　お-いる　ふ-ける
	ことば	老人　老化　老後　老いる　老ける
	例文	軽い運動は老化を防ぐと言われている。／老後は田舎で暮らしたい。

ポイント：共通のパーツとその意味は？
① 💡 老・考
[　　　　　]

314 若	読み方	ニャク　わか-い　ジャク　も-しくは
	ことば	若い　若者　老若男女　若々しい　若干名
	例文	彼はこの部署で一番若い。／この歌手は若者に人気がある。

315 晩	読み方	バン
	ことば	晩　今晩　毎晩　晩ご飯
	例文	昨日の晩は暑くて眠れなかった。

316 腕	読み方	ワン　うで
	ことば	腕
	例文	重い荷物をたくさん運んで腕が痛くなった。

317 福	読み方	フク
	ことば	福　幸福
	例文	招き猫は福を呼ぶと言われている。／この花の花言葉は「幸福」だ。

ポイント：共通のパーツとその意味は？
② 💡 福・祝・祈
[　　　　　]

318 仲	読み方	チュウ　なか
	ことば	仲　仲間
	例文	私と弟は仲がいい。／仲間たちとパーティを開く。

319 猫	読み方	ねこ　ビョウ
	ことば	猫
	例文	猫を飼っている。

ポイント：どっちがいい？
③【ねこ】
A 猫　B 描

320 馬	読み方	バ　うま　ま
	ことば	馬　乗馬
	例文	馬が3頭いる。／趣味は乗馬です。

321 棒	読み方	ボウ
	ことば	棒　泥棒
	例文	棒グラフを作成する。／留守中に泥棒に入られた。

ポイント：どっちがいい？
④
A 棒　B 棒

✎ ❶ろうご ＿＿＿＿＿＿　　❷わかい ＿＿＿＿＿＿　　❸ばん ＿＿＿＿＿＿

❹うで ＿＿＿＿＿＿　　❺こうふく ＿＿＿＿＿＿　　❻なかま ＿＿＿＿＿＿

❼ねこ ＿＿＿＿＿＿　　❽うま ＿＿＿＿＿＿　　❾どろぼう　泥＿＿＿＿＿

Ⅰ. □ の中のパーツを全部使って、漢字を作ってください。
  なか ぜんぶつか かんじ つく

① � → □　　　② 畾礻 → □

Ⅱ. □に同じパーツを入れて、文を作ってください。
  おな い ぶん つく

① a　将来、医 日 になりたい。

  b　将来のことをよく ㇗ えて決める。

  c　スマホが原因で目の ヒ 化が進む。
　　　　　　いん

② a　入学試 釒 を受ける。　　　b　 主 車場に車を止める。

  c　 尺 で待ち合わせをする。　　d　最近、乗 □ を始めた。

③ a　 申 社にお参りに行く。　　b　幸 畐 を 斤 る。

Ⅲ. 生き物の漢字を書いてください。
  い もの かんじ か

　　① 羽があります。　　② 足が4本あります。　　③ 水の中にいます。

　　＿＿＿＿＿＿　　　＿＿＿＿＿　＿＿＿＿＿　　　＿＿＿＿＿＿　＿＿＿＿＿

　　　　　　　　　　　＿＿＿＿＿　＿＿＿＿＿

Ⅳ. ＿＿＿＿ の漢字をひらがなで、ひらがなを漢字で書いてください。
  かんじ かんじ か

① 原宿は若者に人気の町です。　　② 友達とばんごはんを食べる。
  はらじゅく

③ けんかするほどなかがいい。　　④ 歩きすぎて足が棒になった。

Ⅰ ①～⑦の説明に合う言葉はどれですか。
せつめい　あ　ことば

① 相手と気が合う。　（　　　　）

② 価値がわからない人には、高価なものも意味がない。　（　　　　）

③ 関係のないことや求められていないことをすると、悪いことが起きる。／
何もしないより、何でもいいからやってみると、意外な幸せに出会う。
なん
（　　　　）

```
A 猫に小判*          B 犬も歩けば棒に当たる          C 馬が合う
  こばん                                          *小判…昔のお金
                                                   こばん
```

④ いつも明るく笑っている人の家には、幸せがやってくる。　（　　　　）

⑤ どんなに仲がいい関係でも、失礼なことはしてはいけない。　（　　　　）
れい

⑥ 技術や能力が上がる。　（　　　　）
ぎじゅつ　のう

⑦ 若いときに頑張ったことは、将来自分のためになる。　（　　　　）

```
D 笑う門には福来る          E 腕が上がる
  かど　　きた
F 親しき仲*にも礼儀あり      G 若いときの苦労は買ってでもしろ
          ぎ                              くろう
                *仲…「中」と書くこともあります。
```

Ⅱ 動物や体の漢字を使ったことわざを調べてみましょう。
どうぶつ　からだ　かんじ　つか　　　　　　　　しら

かえる？ カエル？ 蛙？

　この生き物の名前は何ですか？ 「かえる」「カエル」「蛙」どれも正解です。でも、「蛙」の字はあまり見ませんね。「蛙」は新聞で使う漢字ではないため、日常生活ではこの漢字を使わないことが多いのです。

　生き物を表す漢字は他にもいろいろあり、「羊」や「熊」のように新聞で使われる漢字もあります。どんな漢字を知っていますか？

● 生き物の漢字は何に多く使われている？

ことわざや慣用句など、決まった表現のときは、漢字が使われます。
どんな意味でしょうか。

蛙の子は蛙

雀の涙

二兎を追う者は一兎をも得ず

看板などにも使われています。
どんな生き物に注意しなければなりませんか。

鹿飛び出し注意

蛇に注意！

猪出没注意

蜂の巣注意

● 動物の漢字は形をもとに作られたものが多いよ！

①と②はどんな生き物かな？

例)  →虎
とら

① →？

② →？

第10課

日本を旅する
にほん たび

第10課　1

SNS で観光地を調べよう

● 茨城県に行ってみたいと思って、SNS で調べています。
どんなところがありますか。

JAPAN 観光案内所

茨城県牛久市の「牛久大仏」です。東本願寺が建てた高さ 120m の仏像。ブロンズ立像としては世界最大の大仏。

ウェザー news

国営ひたち海浜公園は、1 年を通してさまざまな花を楽しめるスポット。そんな園内で特に人気なのが、春から咲くネモフィラです。この週末は例年よりも早い見ごろが訪れ、多くの人でにぎわっています。

茨城町 LOVER

1 年に 10 月と 3 月の 2 回、筑波山山頂に夕日が沈む貴重な光景「ダイヤモンド筑波」を涸沼から見ることができます。特に涸沼親沢公園からの風景は、日が沈んだ後の空のグラデーションが湖面に映って絶景！

Kazu0504

アニメ「ガルパン」の舞台となった神社に到着！このあと、ゆっくり商店街を散歩します。

Ami9

袋田の滝に行ってきました。水量が多くて、迫力満点！　秋もいいけど、緑に囲まれた夏の滝もとってもきれいでした。

322	案	読み方	アン
		ことば	案内 案 あんない あん
		例文	観光案内所でパンフレットをもらった。／案を出す。 かんこう ないじょ だ

ポイント：共通の読み方は？
きょうつう よ かた
① 案・安
[　　　　　]

323	仏	読み方	ブツ ほとけ
		ことば	仏像 仏教 仏 ぶつぞう ぶっきょう ほとけ
		例文	○○寺には有名な仏像がある。／仏教を信仰する。 てら ゆうめい ぞう きょう しんこう

324	緑	読み方	リョク みどり ロク
		ことば	緑 緑茶 みどり りょくちゃ
		例文	この辺りは緑が多い。／日本人が最もよく飲むお茶は緑茶だ。 あた みどり おお にほんじん もっと の ちゃ りょく ちゃ

ポイント：どっちがいい？
② A 緑　B 緑

325	景	読み方	ケイ
		ことば	<景色> 風景 光景 景気 絶景 けしき ふうけい こうけい けいき ぜっけい
		例文	美しい風景が広がっている。／この業界は最近景気がいい。 うつく ふう ひろ ぎょうかい さいきん けいき

326	沈	読み方	しず-む チン しず-める
		ことば	沈む しず
		例文	秋になり、日が沈むのが早くなった。 あき ひ しず はや

327	訪	読み方	おとず-れる ホウ たず-ねる
		ことば	訪れる 訪問 訪ねる おとず ほうもん たず
		例文	10年ぶりに神戸を訪れた。 ねん こうべ おとず

328	咲	読み方	さ-く
		ことば	咲く さ
		例文	きれいな花が咲いている。 はな さ

329	散	読み方	サン ち-る ち-らかる ち-らす ち-らかす
		ことば	散歩 散る 散らかる さんぽ ち ち
		例文	公園を散歩する。／桜が散ってしまった。／部屋が散らかっている。 こうえん ぽ さくら ち へや ち

330	商	読み方	ショウ あきな-う
		ことば	商品 商業 商店 商社 商売 しょうひん しょうぎょう しょうてん しょうしゃ しょうばい
		例文	商品を並べる。／ここは商業が盛んな町だ。／商店街で買い物する。 ひん なら ぎょう さか まち てんがい か もの

ポイント：どっちがいい？
③ A 商　B 商

| 読める | 滝 仏像 商店街
たき ぶつぞう しょうてんがい |

✎ ❶あんない ＿＿＿＿＿　❷ぶつぞう ＿＿＿＿＿像
ぞう　❸みどり ＿＿＿＿＿

❹けしき ＿＿＿＿＿　❺しずむ ＿＿＿＿＿　❻おとずれる ＿＿＿＿＿

❼さく ＿＿＿＿＿　❽さんぽ ＿＿＿＿＿　❾しょうてん ＿＿＿＿＿

Ⅰ．□にパーツを入れて、文を作ってください。
い　　　　　　　　ぶん　つく

① a　就職が ［氵］ まりました。　　　b　事故の状 ［氵］ を説明する。

c　船が海に ［氵］ む。
ふね

② a　メールを ［关］ る。　　　b　花が ［关］ く。

c　将来は IT ［关］ 係の仕事をしたい。

Ⅱ．□に漢字を 1 つ入れて、言葉を作ってください。
かん じ　　い　　　　こと ば　つく

Ⅲ．＿＿＿＿の漢字をひらがなで、ひらがなを漢字で書いてください。
かん じ　　　　　　　　　　　　　　かん じ　か

① 日本で生産されるお茶は、ほとんどが緑茶です。

② 喫茶店だと気がちって、勉強できない。
きっ

③ みんなで案を出し合う。

④ 部屋が散らかっていたので、片付けた。

⑤ 仏教が日本に伝わったのは 6 世紀と言われています。
せい き

I SNS で伊豆について調べています。
   いず　　　　　　しら

どこに行ってみたいですか。どうしてですか。
　　　い

A

あおい

海に沈む夕日、最高！　伊豆に来たら、必ず
　　しず　　　　　　　　　いず
ここに来ます。＃大田子海岸
　　　　　　　　おおたごかいがん

B

さくらニュース

伊豆に春を告げる河津桜まつりが、10日か
いず　　　　つ　　かわづざくら
ら静岡県河津町で始まった。河津桜は早咲き
　しずおか　かわづちょう　　　　　かわづざくら
の桜で、花びらが大きく、濃いピンク色をし
ているのが特徴。今年は去年と比べて1週間
ほど開花が早く、一番の見ごろは今月20日
ごろになるとみられている。

C

ぴこ

絶景カフェといえばここ！　熱海の「マーメ
　　　　　　　　　　　　　　あたみ
イドカフェ」で、青い海と空を見ながら食べ
るパフェは最高においしかった！
＃熱海　＃絶景　＃スイーツ
　あたみ

D

TABIZUKI

伊豆旅行初日！　修善寺の周りは緑にあふれ
いず　　　　　　しゅぜんじ
ていて、散歩していて気持ちよかったー！

E

J とりっぷ

駅前の商店街にはレトロなお店もところどこ
ろに残っていて、昔の雰囲気を感じながら散
歩が楽しめます。

II 行きたいところの情報を SNS で集めてみましょう。
　 い　　　　　　　じょうほう　　　　　あつ

第10課 ②
宿泊施設を探す

● 友達と茨城に旅行に行くので、ホテルを探しています。

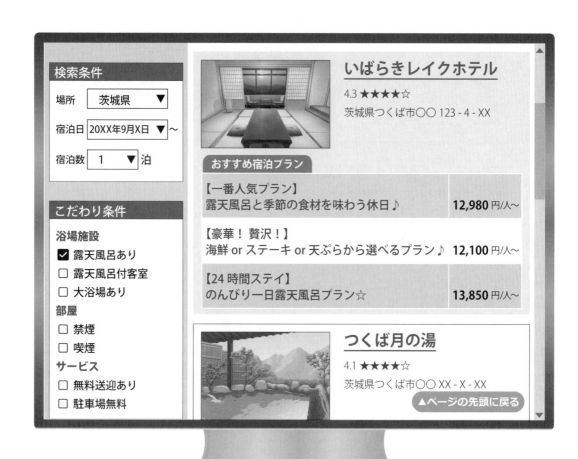

検索条件

場所	茨城県 ▼
宿泊日	20XX年9月X日 ▼ 〜
宿泊数	1 ▼ 泊

こだわり条件

浴場施設
- ☑ 露天風呂あり
- ☐ 露天風呂付客室
- ☐ 大浴場あり

部屋
- ☐ 禁煙
- ☐ 喫煙

サービス
- ☐ 無料送迎あり
- ☐ 駐車場無料

いばらきレイクホテル
4.3 ★★★★☆
茨城県つくば市○○ 123 - 4 - XX

おすすめ宿泊プラン

【一番人気プラン】露天風呂と季節の食材を味わう休日♪	12,980 円/人〜
【豪華！贅沢！】海鮮 or ステーキ or 天ぷらから選べるプラン♪	12,100 円/人〜
【24 時間ステイ】のんびり一日露天風呂プラン☆	13,850 円/人〜

つくば月の湯
4.1 ★★★★☆
茨城県つくば市○○ XX - X - XX

▲ページの先頭に戻る

331 宿	読み方	シュク　やど　やど-る　やど-す
	ことば	宿泊　宿題　宿 しゅくはく　しゅくだい　やど
	例文	ホテルに宿泊する。／宿題をする。／宿を予約する。 　　　　はく　　　　　　だい　　　　　　よやく

ポイント：どうやって覚える？
① 宿

332 泊	読み方	ハク　と-まる　と-める
	ことば	宿泊　1泊2日　泊まる　泊める しゅくはく　いっぱくふつか　と　　　と
	例文	2泊3日で旅行する。／ホテルに泊まる。／友達を家に泊める。 にはくみっか　りょこう　　　　　　と　　　　ともだち　いえ　と

ポイント：共通の読み方は？
② 泊・白
[　　　　]

333 客	読み方	キャク　カク
	ことば	客　観客　乗客　客観的 きゃく　かんきゃく　じょうきゃく　きゃっかんてき
	例文	お客様を案内する。／彼女の美しい歌声に多くの観客が感動した。 さま　あんない　　　かのじょ　うつく　うたごえ　おお　かん　かんどう

ポイント：違うのはどれ？
③
A価格　B各地
C観光客

334 浴	読み方	ヨク　あ-びる　あ-びせる
	ことば	浴びる　入浴　大浴場　海水浴　＜浴衣＞ あ　にゅうよく　だいよくじょう　かいすいよく　ゆかた
	例文	シャワーを浴びる。／この薬は入浴後に塗ってください。 あ　　　　　すり　にゅうごぬ

335 迎	読み方	ゲイ　むか-える
	ことば	迎える　送迎　歓迎 むか　　そうげい　かんげい
	例文	両親を空港まで迎えに行く。／送迎バスに乗る。 りょうしん　くうこう　むか　い　　　そう　　の

ポイント：どっちがいい？
④
A迎　B迎

336 喫	読み方	キツ
	ことば	喫煙　喫茶店 きつえん　きっさてん
	例文	喫煙ルームを利用する。／喫茶店でコーヒーを飲む。 えん　　　りよう　　　きさてん　　　　の

ポイント：どっちがいい？
⑤
A喫　B喫

337 煙	読み方	エン　けむり　けむ-る　けむ-い
	ことば	禁煙　喫煙　煙 きんえん　きつえん　けむり
	例文	家族から禁煙しろと言われている。／隣の家から煙が出ている。 かぞく　　きん　　い　　　　となり　いえ　　で

338 選	読み方	セン　えら-ぶ
	ことば	選ぶ　選手　選択 えら　せんしゅ　せんたく
	例文	メニューを選ぶ。／サッカー選手になりたい。 えら　　　　　　しゅ

339 戻	読み方	もど-す　もど-る　レイ
	ことば	戻る　戻す もど　もど
	例文	席にお戻りください。／本を元の場所に戻す。 せき　もど　　　　ほん　もと　ばしょ　もど

| 読める | 露天風呂
ろてんぶろ |

❶しゅくだい＿＿＿＿＿　　❷とまる＿＿＿＿＿　　❸きゃく＿＿＿＿＿

❹あびる＿＿＿＿＿　　❺むかえる＿＿＿＿＿　　❻きっさてん＿＿＿＿＿

❼けむり＿＿＿＿＿　　❽えらぶ＿＿＿＿＿　　❾もどる＿＿＿＿＿

Ⅰ. □に漢字を1つ入れて、（　　）に読み方をひらがなで書いてください。

①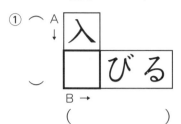

②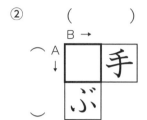

Ⅱ. □に同じパーツを入れて、文を作ってください。

① a　風が 欠 く。　　　　　b　店員を 乎 ぶ。

　 c　契 茶店で紅茶を飲む。

② a　肉を 尭 く。　　　　　b　喫 亜 所は1階です。

　 c　田 で野菜を作る。

Ⅲ. □に漢字を1つ入れて、言葉を作ってください

①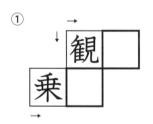

②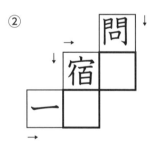

Ⅳ. ＿＿＿＿の漢字をひらがなで、ひらがなを漢字で書いてください。

① 【体育館で】使ったら元にもどしてください。

② 箱根の人気の宿が取れた。

⬤ 長野に旅行に行きます。どのホテルがいいか友達と相談しています。
　　なが の　　りょこう　い　　　　　　　　　　　　　　　　ともだち　そうだん

··· 🎧 72

A

ペンション・イースト [長野]

料理と温泉が人気！

客室内禁煙。玄関に
喫煙所をご用意。

[アクセス]
白馬駅から無料送迎
あり。

▌おすすめプラン

【星空観察★季節の料理と温泉プラン】

| 1泊2食 | 禁煙 | **12,200 円** (大人1名)

・ご宿泊のお客様は無料で星空ガイド
　ツアーにご参加いただけます。
・夕食はお肉またはお魚料理をお選び
　いただきます。

▲TOP

B

もみじ旅館 [長野]

温泉の宿でのんびり！

夜は露天風呂で美し
い星空が楽しめます。
全館禁煙。

[アクセス]
無料送迎あり（長野
駅から）

▌おすすめプラン

**【感動の樹氷ツアー！ロープウェイ往
復券付プラン】**

| 1泊2食 | 禁煙 | **13,000 円** (大人1名)

樹氷の林の中を歩くツアーが人気。ガ
イドが案内します。夕食はバイキング。

▲TOP

C

ウエストホテル [長野]

スキー場まで0分！

チェックアウト後も
無料で大浴場をご利
用いただけます♪

[アクセス]
小海駅→車で約10分

▌おすすめプラン

**【リフト券付き☆洋食 or 和食♪選べる
朝食プラン】**

| 1泊朝食付 | 禁煙 | **8,800 円** (大人1名)

▲TOP

＊樹氷 = frost covered trees ／
　じゅひょう
　　霜冻覆盖的树木／수빙

＊バイキング = buffet ／自助餐／뷔페

【👂】どのホテルに決めましたか。　（　　　）
　　　　　　　　　　き

Ⅰ　高速バスで名古屋へ行きたいので、チケットを予約します。

① この画面では何をしますか。

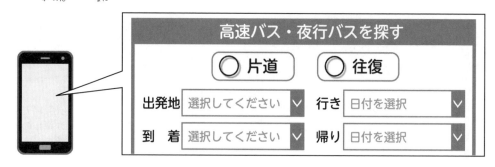

② 予約が完了して、メールでチケットが届きました。何が書いてありますか。

バス停	発…〇〇駅中央口（〇〇ビル前）　　16：52		
	着…高速バス名古屋南停留所　　　　22：13		
号　車	グランバス1号車	座席番号	1B
座席利用人数	大人：1名　　小児：0名　　学生：0名		

Ⅱ　名古屋で観光をします。ガイドブックにお得なチケット情報がありました。どんなチケットですか。

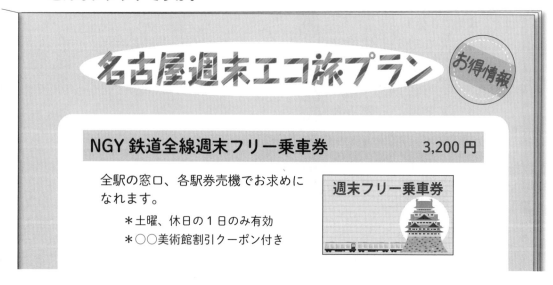

340	片	読み方	かた　ヘン
		ことば	片道　片～　片付ける　片付く　破片
		例文	A駅からB駅まで片道160円です。／部屋を片付ける。

ポイント：どっちがいい？
① A 片　B 片

341	往	読み方	オウ
		ことば	往復
		例文	この登山コースは往復約3時間です。

342	復	読み方	フク
		ことば	往復　復習　回復　復帰
		例文	毎日、授業の復習をしている。／体調が回復する。

② ポイント：共通のパーツとその意味は？
💡 往・復・行
[　　　　　]

343	央	読み方	オウ
		ことば	中央
		例文	町の中央には大きな川が流れている。

③ ポイント：どうやって覚える？
💡 央

344	座	読み方	ザ　すわ-る
		ことば	座席　座る　口座
		例文	窓側の座席に座る。／銀行口座を開く。

345	窓	読み方	まど　ソウ
		ことば	窓　窓口　同窓会
		例文	部屋の窓から富士山が見える。／銀行の窓口でお金を振り込む。

346	券	読み方	ケン
		ことば	券　～券　食券
		例文	新幹線に乗るには乗車券と特急券が必要です。

④ ポイント：どっちがいい？
A 券　B 券

347	効	読み方	コウ　き-く
		ことば	有効　効果　効く
		例文	この乗車券は3日間有効です。／ヨガはダイエットに効果がある。

⑤ ポイント：どっちがいい？
A 効　B 効

❶かたみち ＿＿＿＿＿　❷おうふく ＿＿＿＿＿　❸ちゅうおう ＿＿＿＿＿

❹すわる ＿＿＿＿＿　❺まど ＿＿＿＿＿　❻けん ＿＿＿＿＿

❼ゆうこう ＿＿＿＿＿

Ⅰ. □にパーツを入れて、文を作ってください。
　　　　い　　　　ぶん　つく

① a　鳥が □穴 を飛んでいる。　　　b　暑いので、□穴 を開けた。

　 c　彼は大学で化学の研 □穴 をしている。

② a　車 □广 に車を止めます。　　　b　銀行で口 □广 を作りました。

　 c　校 □广 でサッカーをする。

Ⅱ. 次の漢字と一緒に使える言葉を書いてください。
　　つぎ　かんじ　いっしょ　つか　ことば　か

① 片〜	② 〜券

Ⅲ. ＿＿＿＿の漢字をひらがなで、ひらがなを漢字で書いてください。
　　　　　　かんじ　　　　　　　　　　　　　　かんじ　か

① 勉強しても、ふくしゅうしないと忘れてしまう。

② 切符の払い戻しは駅の窓口でできる。

③ 今日は雨だが、明日は天気が回復するそうだ。

④ 飛行機のチケットは、買うときに座席指定ができる。
　 ひ　き

⑤ 薬が効いて、熱が下がった。

Ⅰ 広島へ旅行に行くので、券売機で新幹線の指定席特急券を買います。
　 ひろしま　りょこう　い　　　　けんばいき　しんかんせん　していせきとっきゅうけん　か

① この画面では何をしますか。
　 がめん　　なに

② 行きと帰りのチケットを買いたいです。Ⓐと🅑、どちらを選びますか。
　 い　　かえ　　　　　　　　　　　　　か　　　　　　　　　　　　　　えら

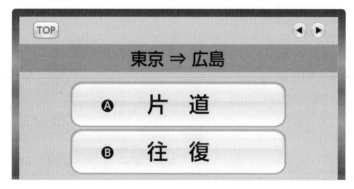

（　　　）

Ⅱ 新幹線に乗りました。㋐〜㋒のどこに座りますか。
　 しんかんせん　の　　　　　　　　　　　　　すわ

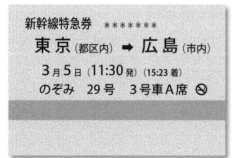

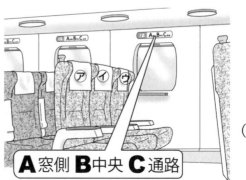

（　　　）

第 10 課 ④
旅行先を詳しく知ろう

● 神戸の観光案内所で、チラシをもらって見ています。どんなところがありますか。

兵庫の秋旅
―自然と歴史が楽しめるスポットをご紹介!―

自然

紅葉といえば六甲山
山頂に登ると赤や黄色の美しいグラデーションの景色が見られる。ロープウェーからはまるで空を飛んでいるような空中散歩が楽しめる。

遊覧船
神戸港をクルージングする遊覧船。45分間、海から六甲山や神戸の街並みが楽しめる。

街

神戸港
兵庫で外せないのは何といっても神戸港。六甲山から見る景色は100万ドルの夜景とも言われている。

歴史

世界遺産　姫路城
白く、優美な姿で、日本の代表的な名城。白鷺が羽を広げた姿に似ていることから、地元で別名「白鷺城」と呼ばれている。
※白鷺城は「しらさぎじょう」とも呼ばれる。

348	紅	読み方	コウ　べに　ク　くれない
		ことば	紅葉　紅茶　口紅　＜紅葉＞
		例文	紅葉を見に行く。／お土産に紅茶を買う。／口紅をつける。
349	葉	読み方	ヨウ　は
		ことば	紅葉　葉　言葉
		例文	葉の色が変わってきました。／好きな言葉は何ですか。
350	黄	読み方	オウ　き　コウ　こ
		ことば	黄色　卵黄
		例文	今年の流行色は黄色だそうです。／卵黄と砂糖を混ぜる。
351	頂	読み方	チョウ　いただ-く　いただき
		ことば	頂上　山頂　頂く
		例文	山の頂上でお弁当を食べた。／結婚のお祝いを頂いた。
352	美	読み方	ビ　うつく-しい
		ことば	美しい　美術館　＜美味しい＞
		例文	山頂から見た景色は美しかった。
353	船	読み方	セン　ふね　ふな
		ことば	船　遊覧船　船便　風船
		例文	遊覧船に乗る。／船便で荷物を送る。／風船を膨らませる。
354	飛	読み方	ヒ　と-ぶ　と-ばす
		ことば	飛ぶ　飛行機　飛ばす　飛び出す
		例文	飛行機が飛んでいる。／角から急に子どもが飛び出してきた。
355	似	読み方	に-る　ジ
		ことば	似る　似合う
		例文	私と妹はとてもよく似ている。／彼は帽子がよく似合う。
356	呼	読み方	よ-ぶ　コ
		ことば	呼ぶ　呼びかける　呼吸
		例文	名前を呼ばれたら、返事をしてください。／寄付を呼びかける。

ポイント：共通の読み方は？
① 紅・工
[＿＿＿＿＿＿]

ポイント：共通の読み方は？
② 黄・横
[＿＿＿＿＿＿]

ポイント：共通の読み方は？
③ 頂・町
[＿＿＿＿＿＿]

ポイント：どっちがいい？
④ A 船　B 船

ポイント：どっちがいい？
⑤ A 飛　B 飛

ポイント：どっちがいい？
⑥【にる】
A 似　B 以

❶こうよう ＿＿＿＿＿＿＿＿＿＿＿

❷きいろ ＿＿＿＿＿＿＿＿＿＿＿

❸ちょうじょう ＿＿＿＿＿＿＿＿＿＿＿

❹うつくしい ＿＿＿＿＿＿＿＿＿＿＿

❺ふね ＿＿＿＿＿＿＿＿＿＿＿

❻とぶ ＿＿＿＿＿＿＿＿＿＿＿

❼にる ＿＿＿＿＿＿＿＿＿＿＿

❽よぶ ＿＿＿＿＿＿＿＿＿＿＿

Ⅰ．AとBのパーツを組み合わせて、漢字を作ってください。
く あ かんじ つく

A ｜ 口　舟　丁　糸　イ ｜　　　　B ｜ 以　工　乎　頁　合 ｜

＿＿＿＿＿　　　＿＿＿＿＿　　　＿＿＿＿＿　　　＿＿＿＿＿

Ⅱ．□の漢字を4つのグループに分けてください。
　　　かんじ　　　　　　　　　　　　　　わ

｜ 馬　黄　辛　緑　赤　枝　黒　根　青　犬　紅　葉　甘　猫 ｜

｜ <A> ｜　　｜ <B> ｜　　｜ <C> ｜　　｜ <D> ｜

Ⅲ．一緒に使う言葉をすべて線で結んでください。
　　　いっしょ　つか　ことば　　　　　せん　むす

①　　　　　　　　• 込む　　　　②　　　　　　　　• 込む
　　　　　　　　　• 出す　　　　　　　　　　　　　• 出す
　　飛び　•　　　　　　　　　　　　呼び　•
　　　　　　　　　• 上がる　　　　　　　　　　　• 上がる
　　　　　　　　　• かける　　　　　　　　　　　• かける

Ⅳ．＿＿＿＿＿の漢字をひらがなで、ひらがなを漢字で書いてください。
　　　　　　　かんじ　　　　　　　　　　　　　かんじ　か

① このお店は紅茶が一番おいしい。　　② 彼は緑色がよく似合う。

③ 毎日、ことばを10個ずつ覚えるようにしています。

④ 湖で遊覧船に乗る。
　　　　　　らん

⑤ 秋になると、この道はイチョウの葉でいっぱいになる。

Ⅰ　SNS に楽しかった旅行の写真をアップしています。
たの　　　　　りょこう　しゃしん

説明文に合う写真を A ～ C から選んでください。
せつめいぶん　あ　しゃしん　　　　　えら

① （　　　）

新潟県　瓢湖
にいがた　ひょうこ
ここは白鳥の飛来地として知られています。早朝に白鳥がいっせいに飛び立つ姿はとても美しかったです。

② （　　　）

長野県　白馬
ながの　　はくば
紅葉を見に行きました。黄色のイチョウの葉がとてもきれいでした。山頂から見た景色は絶景！

③ （　　　）

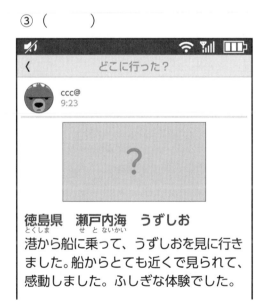

徳島県　瀬戸内海　うずしお
とくしま　せ と ないかい
港から船に乗って、うずしおを見に行きました。船からとても近くで見られて、感動しました。ふしぎな体験でした。

A

B

C

Ⅱ　楽しかった旅行を SNS で発信しましょう。
たの　　　　　　りょこう　　　　　　はっしん

読み方に気をつけよう２
よ　かた　き

たくさんの読み方がある漢字があります。整理しましょう。
よ　かた　かんじ　　　　　　　せいり

● **複数の音読みを持つ漢字**
ふくすう　おんよ　も　かんじ

Q１　□の漢字の読み方が違うのはどれ？
かんじ　よ　かた　ちが

① 次　　A 次回　　　　B 次第　　　　C 二次試験

② 達　　A 友達　　　　B 配達　　　　C 速達

③ 存　　A 存在　　　　B ご存知　　　C 保存

④ 平　　A 平均　　　　B 平和　　　　C 平等

⑤ 然　　A 天然　　　　B 自然　　　　C 全然

● **複数の訓読みを持つ漢字**
ふくすう　くんよ　も　かんじ

Q２　どんな言葉が入る？
ことば　はい

① 冷　　•早く飲まないとスープが(　　　　　　　)。

　　　　•冷蔵庫でビールを(　　　　　　　)。

② 細　　•(　　　　　　　)ペンで書く。

　　　　•この町はゴミの分け方が(　　　　　　　)。

③ 混　　•卵に砂糖を(　　　　　　　)。

　　　　•朝は電車が(　　　　　　　)。

④ 降　　•電車を(　　　　　　)たら、雨が(　　　　　　)いた。

⑤ 覚　　•怖い夢を見て、目が(　　　　　　　)。
　　　　　こわ

　　　　•漢字を(　　　　　　　)。

もう少し
すこ
やってみよう

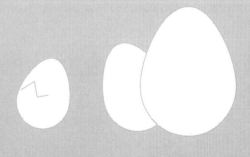

Ⅰ.　＿＿＿の漢字をひらがなで書いてください。
　　　　　　　かんじ　　　　　　　か

①学生ビザを申請するために、必要な書類を準備した。

②日本は中東地域から石油を輸入している。
　　　　　　　　　　　　　　　　ゆ

③将来、郊外に一戸建ての家を買うのが夢だ。
　　　　こう

④火事の原因はタバコだった。
　　　　　いん

⑤熱っぽいので、体温を測った。
　　　　　　　　　　　はか

⑥年末年始はふるさとで過ごす人が多い。

⑦大学院進学者の割合が昨年に比べて増えた。

⑧食事代を5人で割ると、1人600円だ。

⑨今年は降水量が過去10年間で最も多かった。

Ⅱ.　＿＿＿の漢字をひらがなで書いてください。
　　　　　　　かんじ　　　　　　　か

こんな読み方もあるよ
　　　　　よ　かた

①壁際の席は寒いので、嫌いだ。
　　　　　　　　　　　　きら

②今年の秋はオレンジ色が流行っているそうだ。

③昨日遊びに行ったお化け屋敷は本当に怖かった。
　　　　　　　　　　　　　　しき　　　　こわ

④神奈川県の人口は東京に次いで2番目に多い。
　かながわ

⑤希望者が定員に達したので、募集を締め切った。
ぼ

⑥電車の窓からは畑の向こうに山が連なっているのが見える。

⑦昨日は、積雪が 10 センチを超えたそうだ。

⑧２年間の留学生活でさまざまな経験が得られた。

⑨小さい子どもが亡くなるニュースを聞くたびに、辛い気持ちになる。
な

⑩この学校は学費を分割で支払うことができる。

⑪祖母の家の古い蔵から江戸時代のお金が見つかった。
そ

⑫このチーズは羊の乳から作られている。
ひつじ

⑬真冬に暖房が故障してしまい、夜は凍えるぐらい寒かった。
ぼう

⑭地震で学校に大きな被害が出て、再び授業が始まるまで１か月以上かかった。
ひ

⑮両親は私が国に戻って就職することを望んでいる。

第1課 だいか	際：壁際 かべぎわ	流：流行る はや	化：お化け ば	次：次いで つ
	達：達する たっ	連：連なる つら	雪：積雪 せきせつ	
第2課 だいか	得：得る え	辛：辛い つら	割：分割 ぶんかつ	蔵：蔵 くら
	乳：乳 ちち	凍：凍える こご	再：再び ふたた	望：望む のぞ

もう少しやってみよう② (第3課・第4課)

I. _____ の漢字をひらがなで書いてください。

① 玄関をほうきで掃く。

② 姉はシェフで、常に新しいメニューのことを考えている。

③ ネギを細かく刻む。

④ 急なお願いだったが、田中さんがシフトを快く代わってくれた。

⑤ サイさんは日本語スピーチ大会の学校の代表に選ばれた。

⑥ スキー場にイノシシが現れたというニュースを見た。

⑦ 友達から教えてもらった料理を早速、作ってみた。

⑧ 口コミサイトによると、このレストランは5段階評価で4だそうだ。

⑨ 家族と離れて生活するようになって、改めて親の大切さがわかった。

⑩ 労働関係の法律が一部、改正された。

⑪ このバスは東京駅を経由して、成田空港に向かいます。

⑫ 兄は学生のころ、野球部の主将をしていた。

⑬ 周りの人の支えがあるからこそ、夢に向かって頑張ることができる。

⑭ 食べ過ぎてしまったときは、運動をしてカロリーを消費するようにしている。

⑮ 使わなくなったものを倉庫に収めた。
　　　　　　　　　　　　そう　　収めた

⑯ 小児科はあのビルの３階です。

⑰ 彼は細かいことによく気付く。

⑱ 先月オープンした雑貨屋で友達の誕生日プレゼントを買った。
　　　　　　　　　　　　　　　　　たん

⑲ 忙しいときこそ、時間をうまく活用することが大切だ。

⑳ この喫茶店は落ち着くので、とても気に入っている。

㉑ この建物は長い時間と多くの費用を費やして建てられた。

Ⅱ．_____の漢字をひらがなで書いてください。　　こんな読み方もあるよ
　　　　　　　　かんじ　　　　　　か　　　　　　　　　　　　よ　　　かた

①父は喫茶店を営んでいる。

②スキー合宿での起床時間は７時、就寝時間は10時だ。
　　　　　　　　　　　　　　　　　　　　しん

③就職してから、多忙な日々が続いている。

④来日して、あっという間に２年が経った。

⑤転んで、額にけがをした。

第3課	営：営む	床：起床	忙：多忙	経：経つ
だい　か	いとな	きしょう	たぼう	た
第4課	額：額
だい　か	ひたい

I.　＿＿＿＿の漢字をひらがなで書いてください。
　　　　　　　　かんじ　　　　　　　か

① ちょっとこれを日本語に訳してくれませんか。

② 引っ越したいけど、理想の部屋が見つからない。

③ こちらにご署名をお願いします。

④ 電波が悪くて、電話が聞こえにくい。

⑤ 彼はドアを乱暴に閉めて出て行った。

⑥ 馬が暴れて、乗っていた人を振り落とした。
　　　　　　　　　　　　　　　　　　　　ふ

⑦ バラの花束を贈る。

⑧ 寝室のカーテンを新しくした。

⑨ 自然災害の発生を防ぐことはできないが、被害を軽減することはできる。
　　　　　　　　　　　　　　　　　　　　　　ひ　　　げん

⑩ お寺からお坊さんがお経を読む声が聞こえてきた。
　　　　　　　　　　　　きょう

⑪ 平仮名は漢字から作られた。
　　が　な

⑫ 洗濯機は平らなところに置いてください。
　　　たく

⑬ この漫画は何度読んでも、面白い。
　　　まん

⑭ A国は天然ガスを輸出している。

⑮ みんなで知恵を出し合う。

⑯ 歩道橋を渡る。

⑰ 森の奥に泉が湧いている。
　　　おく　　　わ

Ⅱ. _____の漢字をひらがなで書いてください。
　　　　かんじ　　　　　　か

① 危うく、大けがをするところだった。

② その山小屋は険しい山道を登った先にあった。

③ 彼は保守的な考えを持っている。

④ 今日から3日間、セール品が更にお得に！

⑤ 夜が更けるにつれ、雨が強くなっていった。

⑥ 10代は身体的、また、精神的に大きく成長する時期だ。
　　　　　　　　　　　　せい

⑦ 一の位を四捨五入する。
　　　　　　ししゃごにゅう

⑧ 私たちは自然の恩恵を受けて生活している。
　　　　　　　　おん

⑨ 人生の節目を家族と祝う。

第5課	危：危うい	険：険しい	守：保守的	更：更に、更ける
だいか	あや	けわ	ほしゅてき	さら　　ふ
第6課	神：精神的	位：位	恵：恩恵	節：節
だいか	せいしんてき	くらい	おんけい	ふし

Ⅰ．＿＿＿＿の漢字をひらがなで書いてください。
かんじ　　　　　　か

①時計の針が３時を指している。
はり

②インターネットに公開した情報は永久に残るおそれがある。

③日本で仕事に就くために、日本語を勉強している。

④山田さんご夫妻から年賀状をいただいた。

⑤右折禁止。

⑥スーツケースの側面にお土産で買ったシールを貼る。
は

⑦肌の水分の蒸発を防ぐために、クリームを塗る。
ぬ

⑧健康状態は良好だ。
たい

⑨Ａさんはコミュニケーション能力に優れている。
のう

⑩みんなの前で大失敗をして、恥をかいた。

⑪花が咲いた後に、実がなる。

⑫寒さで指の感覚がなくなってしまった。

⑬Ａチームは決勝戦で敗れた。
しょうせん

Ⅱ. ＿＿＿＿の漢字をひらがなで書いてください。
　　　　（かんじ）　（か）

①服が好きなので、将来、ファッションに関わる仕事がしたい。

②現代人はスマホがなければ生活が成り立たない。

③牛は生後3か月ほどで角が生える。

④火事で建物が全焼したが、幸いけが人はいなかった。

⑤合格祈願のために神社へお参りに行った。

⑥景気については悲観的な予想が多い。

⑦1年の初めに、今年の抱負を語る。
　　　　　　　　　　　　　ふ

⑧夏休みに入り、駅は大きな荷物を抱えた旅行客で混み合っている。

⑨たくさんの夢を抱いて留学した。

⑩努力が実って、大学に合格した。
　　　　と

⑪怒りで顔を真っ赤にして、怒鳴っている人がいた。
　　　　　　　　　　　　　　な

⑫この辺りは、昼間は人が多いが、夜になると人通りが絶える。

第7課 だいか	関：関わる かか	成：成り立つ なた	角：角 つの	焼：全焼 ぜんしょう
第8課 だいか	幸：幸い さいわ	祈：祈願 きがん	悲：悲観的 ひかんてき	
	抱：抱く、抱える、抱負 いだ　　かか　　ほうふ		実：実る みの	
	怒：怒り、怒鳴る いか　どな		絶：絶える た	

I. ＿＿＿の漢字をひらがなで書いてください。

① この町では伝統的な日本の住宅が<u>軒</u>を連ねている。

② <u>鉄板</u>が大変<u>熱</u>くなっておりますので、お気をつけください。

③ 彼は<u>年老</u>いた両親と<u>暮</u>らしている。

④ 父は年よりも少し<u>老</u>けて見える。

⑤ <u>募集要項</u>に「留学生の<u>募集</u>は<u>若干名</u>」と書いてあった。

⑥ <u>仏像</u>とは<u>仏</u>の<u>像</u>のことだ。

⑦ 来月、外務大臣がアメリカを<u>訪問</u>する予定だ。

⑧ 京都へ旅行に行ったついでに、友達の家を<u>訪</u>ねた。

⑨ <u>浴衣</u>を着て、花火を見に行った。

⑩ 避難の際には、ガラスや食器の<u>破片</u>に気をつけてください。

⑪ 高校の<u>同窓会</u>に行ってきた。

⑫ 成人の平均的な<u>呼吸</u>の回数は1分間に12回から20回だそうだ。

⑬ <u>神戸</u>で食べたステーキがとても<u>美味</u>しくて忘れられない。

Ⅱ. _____の漢字をひらがなで書いてください。

①喫茶店に入ったら、コーヒーのいい香りが店内に満ちていた。

②人気のある商品は類似品に気をつけたほうがいい。

第9課	満：満ちる
第10課	似：類似品

INDEX

音訓索引
おんくんさくいん

※「提出漢字」の読み方のうち、太字のものを掲載しています。

【あ】

【か】

●協力

[写真]　茨城県観光協会（「牛久大仏」「ひたち海浜公園」「涸沼公園」「袋田の滝」），PhotoAC

[イラスト]　酒井弘美，illustAC（SNS アイコンなど），Atelier O.ha（ポイント・解答）

[T シャツデザイン]　いとうさとし（「感謝」）

[歌詞]　p.144『粉雪』『贈る言葉』（JASRAC 出 2304969-301）
　　　　p.147『時代』©1975 by Yamaha Music Entertainment Holdings, Inc.All Rights Reserved.
　　　　International Copyright Secured.
　　　　（株）ヤマハミュージックエンタテインメントホールディングス　出版許諾番号
　　　　20230582P

※本文に掲載されている内容は一部フィクションを含みます。

音声（MP3）や資料を以下のウェブサイトに掲載しています。
自由にダウンロードできますので、ぜひご利用ください。

https://www.bonjinsha.com/wp/kanjitamago_intermediate

MP3

「できる日本語」準拠

漢字たまご　中級1

2024 年 3 月 1 日　初版第 1 刷発行

監　　　修｜嶋田和子（アクラス日本語教育研究所）
著　　　者｜有山優樹（イーストウエスト日本語学校）
　　　　　　落合知春（イーストウエスト日本語学校）
　　　　　　伊瀬知史子（イーストウエスト日本語学校）
　　　　　　井上友紀子（イーストウエスト日本語学校）
　　　　　　森節子（イーストウエスト日本語学校）
発　　　行｜株式会社　凡　人　社
　　　　　　〒 102-0093
　　　　　　東京都千代田区平河町 1-3-13
　　　　　　TEL：03-3263-3959
イ ラ ス ト｜酒井弘美
装丁デザイン｜コミュニケーションアーツ株式会社
レ イ ア ウ ト｜Atelier O.ha
印 刷・製 本｜倉敷印刷株式会社

ISBN 978-4-86746-017-7
©Kazuko SHIMADA, Yuki ARIYAMA, Chiharu OCHIAI, Chikako ISECHI,
Yukiko INOUE, Setsuko MORI
2024 Printed in Japan
落丁本・乱丁本はお取り替えいたします。
本書の一部あるいは全部について、著作者から文書による承諾を得ずに、いかなる
方法においても無断で転載・複写・複製することは、法律で固く禁じられています。